輕鬆賺錢 快速致富

楊秉力◎著

原書名：敢要，就是你的

序言

富有，必須符合雙重標準：物質的感覺和精神的感覺。錢財固然重要，但如何去獲得，心態如何，也很重要。只有兼顧兩者，我們才能輕鬆地獲取財富，並快樂、幸福地享受財富給我們帶來的好處。

財富是一種經驗，也是一種擁有我們所需要和想要的感覺。

財富不是人們實際擁有的金錢多寡，它更強調人們自身感覺的富有。成為百萬富翁的夢想已經過時了，現代人寧願輕鬆滿足，也不願因為有錢而勞累不堪。下面這個小故事的主角，就充分說明了富有的雙重標準。

一個歐洲觀光團來到非洲一處叫亞米亞尼的原始部落。部落裡有一位老者，穿著白袍，盤著腿，安靜地在一株菩提樹下做草編。草編非常精緻，吸引了其中一位法國商人。他想，要是將這些草編運到法國，巴黎的女人戴著這種草編的小圓帽，挽著這種草編的花籃，將是多麼時尙，多麼有風情啊！想到這裡，商人興沖沖地問：「這些草編多少錢一件？」

「十塊錢。」老者微笑著回答。

「天啊！這會讓我發大財的。」商人欣喜若狂。

「假如我買十萬頂草帽和十萬個草籃，那你打算每一件便宜多少？」

「那樣的話，就得要二十元一件。」

「什麼？」商人簡直不敢相信自己的耳朵！他大喊著問：「爲什麼？」

「爲什麼？」老者也生氣了，「做十萬頂一模一樣的草帽和十萬個一模一樣的草籃，它會讓我乏味死的。」

商人還是不能理解，因爲在追逐財富的過程中，許多現代人忘了生命裡除了金錢之外的許多東西。或許，那位荒誕的亞米亞尼老者才眞正領悟了人生的眞諦。

許多時候，財富是一種感覺，對於每個人而言是不同的。因爲每個人都有自己的想法，雖然從人性的根本上來說大同小異，但仍然有某些不同的地方。每個人的滿足感都不

同，比如同樣得到五十萬，有的人會認為這是一筆龐大的財富，有的人卻視若無睹；又如買獎券贏得彩金五十萬，與自己辛苦工作所攢下的五十萬，金額雖然相同，但感覺則完全不同。

人的價值也並非只能體現在我們所擁有的物質財富上。在一次英國皇室的招待會上，一個美國女人沒有佩戴任何珠寶首飾，這引起了英國女王的注意，並對她的裝扮給予了高度稱讚。這件事足以說明鑽石其實沒有什麼太多的功用。如果想更加出眾，挖掘自身的魅力和培養外在氣質也許更重要。

這本書將為您提供有關財富的一些建議，幫助您簡化與金錢的關係，更全面地理解財富。它會協助您發現自己生命中潛藏的財富，根據自己的特質養成對金錢的正確態度。

目錄 contents

目錄 contents

目錄 contents

目錄 contents

目錄 contents

發現之旅一

發掘富有的動力，你離財富並不遙遠

—你想，所以你能

1. 積極的心態為你指路

被譽為成功學大師的拿破崙．希爾博士曾經指出：每個人隨身都攜帶著一個無形的法寶，法寶的一面刻著「積極心態」四個字，它有使人獲得成功、健康、幸福、財富的力量；而另一面刻著「消極心態」四個字，它能剝奪生活中最寶貴、最美好、最有價值、最有意義的東西。這個理論也正是他創立「心理創富學」的依據。這門學科曾經風靡全球，它指出了積極的心態與成功致富之間的直接關係；中外成功者各式各樣致富方式，也為我們證明了心理創富學的可行性。可以說，所有的成就和財富，都始於積極的心態！

積極心態的力量是不可低估的，第二次世界大戰中，一個叫亨利．凱撒的人說：「我們每十天能建造一艘『自由輪』。」這句話立刻遭到專家們的反擊，他們認為這根本不可能。然而凱撒做到了，在二戰中，他一共建造了一千五百多艘船，其速度震驚了全世界。而這當中並沒有別的竅門，凱撒只不過運用了積極心態的力量。

擁有積極心態的人，能夠突破尋常的思路和方法，使難以成功的事變得容易可行。

著名心態學家、美國聯合保險公司董事長克里曼．史東就是很好的證明。一個年輕人，僅用一百美元，就奮鬥成為四億美元身價的富豪——芝加哥「美國保險公司」的創辦人和董事長，他靠的是什麼？

就是積極的心態！

有一年年底，年輕的克里曼．史東開始謀畫下年度成立一家保險公司，並使它獲准在幾個州開展業務。當時，他的個人資產才幾百美元，這對建立一家公司所需要的大量經費來說，是杯水車薪，看起來，他的想法似乎是空中樓閣，但史東卻把完成此項計畫的最後期限定在隔年的十二月三十一日。

史東很快找到了實現目標的做法，但最重要的問題——資金，卻始終沒有著落，不過，樂觀的史東想，總會有辦法解決的……

史東用熱情迎接新的一年，並著手實現自己的目標。時間一個月一個月轉眼過去，就快到年底了，還沒有任何能實現史東基本要求的可能跡象。但史東依然充滿信心地對自己

說：「只剩兩個月了，但我知道我會找到辦法的。雖然我不知道是什麼辦法。因爲我絕不相信自己的目標不會實現，也絕不相信它不會在我設定的時限內實現。」

兩天後，奇蹟發生了。史東接到一個朋友的電話：「喂，史東！我有個好消息。馬里蘭州的巴爾的摩商業信託公司要賠償賓夕法尼亞意外保險公司巨額損失。最關鍵的是，賓夕法尼亞意外保險公司的業務已經由商業信託公司旗下的另外兩家保險公司再保險，商業信託公司總經理的名字是瓦爾海姆。」

史東向朋友道了謝，放下電話，突然想到：「如果我能訂出一個計畫，既有助於我創立公司，又能使商業信託公司更快、更有把握地實現其目標的話，那麼，說服瓦爾海姆和董事們接受這個計畫應該不會太困難。」

雖然史東並不認識瓦爾海姆先生，但他沒有過多地猶豫，經過一番準備，就果斷地拿起了電話，用熱情而自信的聲音與瓦爾海姆先生交談，他的自信使瓦爾海姆相信他就是可以幫助他們解決問題的人。於是，雙方約定第二天就見面。史東運用自己運轉資金的能力提出了最快、最有效的方案——向瓦爾海姆先生所屬的商業信託公司貸款，買下附屬的保

險公司。

這樣，商業信託公司能很快地去除後顧之憂，因爲這個附屬的保險公司已經沒有保險業務了，但對史東來說，這個保險公司卻可以成爲他創業的平臺。而且他把如何償還貸款的辦法也完善地解決了。他說服了瓦爾海姆先生和董事會，短短幾小時，就達成了交易，藉著這筆交易建立了自己的保險公司。

史東的成功，雖然部分取決於他運轉金錢的能力和周密的思考，但最重要的是，他始終朝著好的方向去想的積極心態；正是這種積極心態的引導，他的大膽構想才得以徹底的執行，爲他贏得了財富和成功。

有人可能會說：史東能成功不過是運氣好而已，因爲我就算有好的想法，也積極去做，仍無法像史東那樣成功。那麼，這正顯示你的心態還是不夠積極，因爲眞正積極的心態是經得起失敗考驗的。

ＩＢＭ的創始人湯瑪斯．華生說過：「成功的法門是使失敗率加倍。」用積極的心態去面對，才能把失敗轉變爲成功。

有個電腦直銷人員，做出了一定的銷售業績後，就立定目標，想拿到公司的高額銷售獎金。可是要達到這個目標不是那麼容易，一個月內至少要賣出五十臺電腦。

兩周過去了，他接觸的客戶雖然不少，成交量卻寥寥無幾。這位年輕人痛下決心，要找出原因。他沒有懷疑自己的能力，只是覺得方法上可能有所偏差。經過深思，他終於發現，由於自己太急切，造成了客戶的抗拒心理。於是他決定認真並耐心地對待每個客戶，不能只是一味追求業績。結果，他挽回了流失的客戶，如願拿到期待的獎金。

對於未來，你是否已有了規劃？是不是在任何情況下都對自己的能力堅信不移？那麼，告訴你，財富已經離你不遠了。

小語

積極的心態不僅僅能使人獲得成功、健康、幸福、財富，它本身就是一種無法計量的財富。

2. 人脈即錢脈

人脈，即我們賴以生存的人際關係網路。在追求財富和成功的過程中，如果好好利用它，它就能爲我們播下希望的種子，讓我們獲得意想不到的果實。

戴爾．卡內基認爲，一個人事業的成功，只有十五%是靠他的專業技術，另外的八五%要靠人際關係和處世技巧。中國也有句俗話說：「一個好漢三個幫，一個籬笆三個樁。」要想成就大事，必須要有良好而廣泛的人脈網路，並懂得好好利用它。

對於創造財富者來說，人脈關係也是不可忽視的巨大財富。

俗話說，「近水樓臺先得月」，對於先天具有的人際關係優勢，我們更應該優先利用。在這方面，美國億萬富翁哈默或許能給我們啓示。

哈默在商界被稱爲「點石成金的萬能商人」，這與他善用人際關係是分不開的；而他的事業起步，就得利於他和列寧的關係。

他與列寧的淵源始於哈默的父親。他的父親是俄國移民，一個熱情十足的社會主義者，美國共產黨的創始人之一。這身分使哈默首次赴蘇聯的訪問中得到特殊的待遇。當時蘇聯正值蘇維埃內戰時期，連年的內戰和外國的武力干涉及封鎖，導致蘇聯經濟已經衰弱不堪，國內糧食供應短缺，而當時美國的糧食卻連年豐收，價格又比蘇聯境內便宜很多。有經濟頭腦的哈默儘管從來沒有做過糧食生意，但直覺這是一個大好商機，決定要做一筆跨國大買賣，從美國購買廉價的糧食，再以稍低於蘇聯國內糧價的價格賣給蘇聯。哈默把自己的想法告訴列寧，得到了列寧的讚許，因爲這給蘇聯人帶來了便利。列寧指示外貿部門確認這筆貿易，兩人也因此建立了友誼。這筆貿易爲哈默賺了很多錢，從此他的財富「開始數不清」了。

看到這裡，有人可能會說，我出身平凡，沒有這麼特殊的人際關係資源。無妨，人際關係可以靠自己開創，只要你留心，處處皆人脈。

如果你是上班族，在公司內部，要珍惜與上司、老闆、同事單獨相處的機會，這是溝通和交流的絕佳時刻，是強化人脈的良機，不能錯過。當然，你要掌握好尺度，對同事要

以誠相待；對上司也要拿捏分寸，努力表現自己的能力及對公司的忠誠度和責任感。切勿刻意，以免弄巧成拙。這樣，你的同事、上司，都會因此進入你的人脈關係網。即使在你離開了公司以後，他們還會發揮作用，成爲你今後事業上的重大資產。

如果你是一個老闆或經理，那麼你的下屬、你的客戶都可以結交成爲朋友，在你需要的時候發揮作用。有一位公司老闆，因爲不能與人良好地溝通，致使他的二百六十名員工與他產生了對立情緒，成了他的敵人，事業發展因此受到嚴重的威脅。當他學會了卡內基與人交往的技巧後，改善了與員工的關係，使二百六十名敵人很快變成了二百六十名朋友，事業也獲得了前所未有的成功。

即使你連以上的條件都不具備，也沒關係，還有很多管道可以幫你建立人脈：與鄰居的來往、熟人朋友的介紹、網路、參加活動、培訓、熱情待人、友善地與人交談……這些都是不需什麼成本的管道，關鍵是要抓住每一次機會。例如，參加某個活動或喜宴時，你可以提前到場，認識更多的陌生人；即使是一次萍水相逢的旅行活動，你也可以與周遭人交換名片，輕鬆、友好地聊一聊。

有時，哪怕是你不經意流露的性格特點都可以成爲優點，爲你帶來機會。一九二一年，美國鋼鐵大王卡內基付出一百萬美元的超高年薪，聘請一個名不見經傳的年輕人夏布當執行長。當別人問卡內基原因時，卡內基說：「因爲他最會讚美別人，這是他最值錢的本事。」

所以，建立人脈沒有你想像的那麼難，但是，你一定要懂得經營，也要注意培養自己的財經能力，這樣，人脈才能爲你所用，進而創造財富。

小語

人脈資源是投資最少、收穫最多的財富。至於能收穫多少，取決於你的用心和誠意。

3. 借力，致富比你想像的簡單

如果一個人只想靠自己的力量來賺錢，那麼他一開始就在認知上出了錯。一個人能做的事情總是有限，一個人的想法由多數人共同完成，才可以在短時間內做出大事業，正如著名的大陸體操選手李寧說的：「做運動員是大家的想法，我來實現；做老闆是我的想法，大家來實現。」

所以，賺錢應猶如草船借箭，巧借東風之力，才能賺到大錢。個人的力量畢竟有限，能賺大錢的人往往最知道如何借助別人的力量。當他遇到困難、自己不能解決時，他知道如何獲得別人的協助；他知道如何分工合作，自己只做那些別人不會做的事。

假日旅館的創始人威爾遜可以說是借力的典範。一九五一年夏天，還是一個小生意人的威爾遜，駕車帶著全家人出去旅行。途中，最讓他們頭疼的問題是住宿，因爲沿途能住的都是汽車旅館。這些老式的汽車旅館價錢雖便宜，但房間矮小簡陋，設備陳舊，衛生條

件也很差，晚上還有蚊蟲咬人，服務員的態度更是糟糕。總之，他們一家人吃、住都很不舒服。這一次的旅行讓威爾遜看到了旅館發展的新方向，於是萌生了自己創辦更便利、條件更優越的旅館想法。

經過市場調查，他規畫了可行的方案，決心投入旅館業的經營。創業初期，威爾遜遇到的首要難題就是資金問題。雖然以前威爾遜在經營建築業時賺了一些錢，但與創建大旅館所需的資金相比，簡直是九牛一毛。威爾遜沒有因爲這個困難而卻步，他運用「借東風」術，借用別人的智慧和財力解決了這個難題。

他開始著手籌備資金和人才，爲自己將來的旅館規畫了一套詳細的方案，並起了一個很切題又溫馨的名字「假日旅館」。爲了能夠順利募集資金，他不但投入自己的全部積蓄，還抵押全家的財物、住屋，向銀行貸款五十萬美元。可以說，他是「集中所有的力量」，在一處旅行者較多的城市——孟菲斯市，蓋起第一間「假日旅館」，並使它展現出整個連鎖旅館的輪廓。

這一戰術果然靈驗。第一間「假日旅館」破土動工後，壯觀的藍圖引起了各界人士關

注。一位三十五歲的律師強生．華頓對威爾遜的壯舉非常賞識，願意到他那裡參與「假日旅館」的創建。威爾遜當然求之不得，他知道這位仁兄是孟菲斯市建築協會的顧問，具有精明的經營頭腦和透徹的分析能力。於是，威爾遜聘他爲副總裁。

在強生．華頓的策畫和協助下，威爾遜規畫了一個募集資金的好辦法。他們沒有走常軌，找那些唯利是圖的商家作募集對象，而是找了願爲社會做好事的醫生、牧師、律師有穩定收入的中產階層人士。他們擬訂了周密的「募集股份」說明，同時展開有計畫的、密集宣傳工作。結果十分奏效，他們共發行了十二萬股股票，每股爲九．七五美元，第一天就賣光了。這筆資金的籌措，不但解決了威爾遜第一間假日旅館的開張問題，也爲威爾遜的「旅館王國」打下了基礎。

因爲威爾遜孤注一擲的借力，才使他第一間五星級的假日旅館成功開張，並以強大的優勢吸引了汽車旅館的顧客。它的生意興旺，使得股東的投資報酬也相當可觀，從而樹立了「假日旅館」的形象，爲其日後擴大經營打下了堅實的基礎。

很多人都有創業的夢想，但可能連威爾遜那種孤注一擲的條件都不具備，所以一心只

想依靠自己的力量和點滴的財富來創造創業的條件。可是，等積蓄夠了，時間和有利的時機也流逝了。那麼，有沒有完全不用投入資金的借力方法呢？答案是肯定的！

小張是一名廣告業務員，他沒有任何辦公設備，也沒有什麼技術，但他照樣賺錢，而且生意做得不錯，這就是因爲他善於利用別人的資源。他自己四處找客戶，簽下訂單，然後把工作交給相關的廣告公司去做，他就輕鬆賺下了差額利潤。借助別人的資源，自己得利，別人也賺錢，而且生意又穩當。這樣的事，何樂而不爲呢？

所以，如果你想創業或致富，哪怕沒有資金、沒有學歷、沒有技術，只要你有好的點子，更重要的是，只要你懂得如何借力，那麼，你也可以輕鬆地賺到錢。

小語

你不必像苦行僧似的用個人的力量去獲得財富，善於和別人合作，巧妙利用資源，才能創造財富神話。

4. 貧窮並非命中注定

有人認為，人天生就不平等。看到別人過著輕鬆、富有的生活，什麼都不用愁；而自己整天忙碌，卻還是什麼都沒有，禁不住認為貧窮與富有是命中注定，根本就沒辦法改變。

一位哲人說過：「無論你身處何境，都是自己的選擇。」人們往往把不成功歸於客觀條件的限制，認定自己難以改變命運。其實，任何幸福與財富都不是憑空得來的。在你抱怨只要有足夠的資金就可以做得和別人一樣好時，你卻沒有想到自己該做的，是積極爭取資源。

也許我們的生活環境比別人差一些，關係比別人少一些，但並不代表注定要貧窮，注定沒有機會改變。不幸中往往隱藏著幸福的種子。改變人生的不是客觀環境和條件，也不是才能，而是你的正面想法，也就是你所抱持的積極念頭。

有個農村出身的年輕人，家境非常貧寒，大學時過著非常節据的生活，因此常被那些家境富裕的同學取笑。他們不是笑他過時、破舊的穿著，便是譏笑他的窘迫度日。受到這樣的譏笑，他並沒有因此自卑和屈服，而是從此立志要做出一番事業。後來，這個年輕人成立了自己的跨國公司，果然有著驚人的成就。

這個年輕人之所以有一番作爲，就是因爲他能在逆境中立下大志。當然，要改變生活環境，光立志是不夠的，還需要找到合適而快捷的途徑。如果志向是箭，那麼合適的途徑就是弓。有弓無箭，就是徒有蠻勁，沒有方向和計畫，無的放矢，一生多勞而少成；有箭無弓，就是徒具理想，沒有摧枯拉朽的精神，作白日夢，一生多言而少成。只有弓箭兼備，才能實現最不可能的夢想。強生的經歷正是我們的借鏡。

強生是一個黑人佃農的孩子，他們沒有自己的土地，一家人爲農場主人創造財富，自己的生活卻很窘迫。強生很小就開始工作，十歲之前以放羊維生。這對佃農家庭來說並不罕見。幸運的是，小強生有一位不甘於貧窮的母親，她時常跟兒子談她的夢想：「強生，我們不應該貧窮，我們的貧窮不是上帝的旨意，而是因爲我們家中任何人都沒有過致富的

想法。」

母親的話在強生的心靈留下了深刻的烙印，改變了他的整個人生。他開始思考如何踏上致富之路，並尋找合適的途徑。最後，他決定把經商作為生財的捷徑，並選定經營成本不高但日常必須的洗衣粉。開始時，他挨家挨戶出售洗衣粉，利潤很微薄；三年後，他有了自己固定的銷售網路，當起了批發商，逐漸累積了一點資金。五年後，致富的機會終於來了！強生得知供應他洗衣粉的那家公司即將轉讓，價碼是十五萬美元，而他在經營洗衣粉的五年中積蓄了五萬美元。最後雙方達成了協定，強生先交五萬美元的保證金，然後在一週的期限內付清剩下的十萬美元。合約規定，如果他不能在一週內籌齊這筆款子，就得喪失他所交付的保證金。

在當洗衣粉批發商的五年中，強生獲得了許多客戶的認可和尊敬，於是他去找他們幫忙。眼看明天就是期限了，可是強生才籌到十三萬美元，還差兩萬美元。當時，他已用盡了所知道的一切貸款來源。深夜，他在幽暗的房間裡禱告：「上帝啊，求祢指引我找到能及時借給我兩萬美元的人。我要開車走遍第五十八街，直到看見街上大樓裡的第一道燈

光。」

強生開車朝第五十八街駛去。駛過幾個街區後，他看見一間承包商事務所亮著燈光。他走了進去，看到一張辦公桌旁坐著一個因熬夜工作而疲憊不堪的人，強生鼓勵自己必須勇敢向前。

「你想賺兩千美元嗎？」強生直截了當地問道。

這句話使得這位承包商驚訝得抬起頭。「想呀！當然想！」他答道。

「那麼，給我開一張兩萬美元的支票。當我奉還這筆借款時，我將另付兩千美元的利息。」強生對那個人說。他把其他借款給他的名單給這位承包商看，並且詳細解釋了這次投資的商業風險。

那天夜裡，強生離開這家事務所時，口袋裡裝了一張兩萬美元的支票。後來，他靠洗衣粉公司的成功，又順利併購了另外幾家化學日用品公司。

強生開始創業時所具備的有利條件，並不比大多數人來得多，但是他有一個很明確的目標；更重要的是，他選擇了合適的方式，朝目標奮鬥。

當然，朝目標奮鬥有一個條件必不可少，就是堅持。否則構想必然付諸東流。

有一個人出生在一個貧窮的伐木工家庭，沒上過大學，成年後做生意多次失敗，五次角逐議員落選，遭遇愛妻去世、提名副總統落選。然而，這個人最後就任了美國第十六任總統。這個人就是亞伯拉罕．林肯。正因爲他在逆境中的堅持，最終才成就不凡。

所以，艱難的處境、失望的心境並不是沒辦法改變，只需具備以下幾點：

1.立志。

2.尋找最佳的途徑。

3.不斷與逆境抗爭。

小語

你的貧窮或富有與老天無關，它完全取決於你的態度和想法，有了積極的心態，你甚至可以無所不能。

5. 重視自己的需求與渴望

當一個人總把他所需要的東西放在心中，把不需要的東西拋到九霄雲外，他的願望就會像火花一樣迸發出來。假如你知道自己需要什麼，那麼，當你看見它時，就會很容易地認出它對你的重要性。例如，當你與人來往時，你將體會到，有些話題或機會能幫助你獲得你所需要的東西。

如果你知道自己需要什麼，你就會試圖走上正確的軌道，奔向正確的方向。每個人的需求並不一樣，有些人認爲「心境平和」比世間一切財物都來得重要；有些人寧願不斷接受教育，而不願擁有上億的財富或傲人的權力；還有些人以爲「愛」高於一切，倘若得到心儀對象的愛，其價值就超過萬貫家財。

所以，每個人都需要金錢，但並非人人都渴望它。只是不可否認的，大多數成大事者的致富願望非常強烈，同時也以財富作爲自己成功的標誌。

那麼，如何實現財富之夢呢？

欲望！正是對財富的強烈渴望，讓許多人創造出令人無法相信的財富。破釜沈舟、背水一戰的故事爲我們說明——只有強烈的求勝欲望才能夠成就大事。強烈的欲望能夠激發你前所未有的力量，欲望越強烈，越能使你迸發出智慧和能力。

美國大富豪哈默，年紀輕輕就萌生了賺錢的欲望。在他剛滿十六歲時，想自己買一輛雙座敞篷汽車，但是他身上只有幾文零錢。於是他向哥哥哈利借錢。哈利答應借錢給他，只不過要他半個月內如數償還。哈默爽快地答應了。哈默之所以這麼迫切想買車，是因爲看到一個賺錢的機會。他看到了一個廣告，有個糖果商人要招聘自備汽車的人爲他運送糖果。哈默買下這輛敞篷汽車，就是爲了給這位商人運送糖果，也因此開始了賺錢的旅程，爲日後的發展奠定基礎。

可能有人會說，我也有很強的賺錢欲望，但實行起來談何容易。是的，錢不會在某個地方等我們，只有務實的計畫和行動才能找到它。在《思考致富》一書，拿破崙．希爾博士就揭示了六個「化渴望爲黃金」的務實步驟：

1.將你的財富目標數額、達到目標的期限、爲達目標所願付出的代價，以及如何取得這些財富的行動計畫等，都簡要地寫下來。

2.限定一個日期，一定要在這個日期之前把想要的錢賺到手。

3.在心中確定你希望擁有的財富數額。只是籠統地說「我需要很多錢」，是沒有用的。也就是說，數目一定要明確。

4.擬定一個實現理想的可行計畫，不論你是否已準備妥當，要立即付諸行動。

5.確定你願意付出什麼努力與代價，去換取所需的錢。要知道，世上沒有不勞而獲的事。

6.每天兩次，大聲朗誦你寫下的計畫內容，一次在晚上就寢之前，一次在早上起床之後。朗誦的時候，你必須看到、感覺到，且深信你已經擁有這些錢了。

拿破崙．希爾博士特別強調第六點的重要性。他說，你必須遵照這六個步驟去做，尤其要遵守和奉行第六個步驟的指示。你也許會抱怨，未實現目標之前，你不可能看見自己

的成就和財富，但這正是「強烈的欲望」能幫助你的地方。如果你眞的十分強烈希望擁有財富，進而使這種欲望變成充滿大腦的意念，你就會深信自己能得到它。這樣做的目的，是要使你渴望財富，並且確實下定決心要得到它，直到最後相信必然能擁有它。

重視自己的渴望，還得克服自身的惰性。因爲，雖然有很多人很早就萌生了成功致富的渴望，但只有在迫於生活的壓力時，才開始去重視並實行，而一旦生活出現轉機，他們又開始止步不前。其實，不管你是出於何種情況，都應該去重視它，因爲它本身就是幫你完善自身、實現人生價值的一種財富。在這方面，戴爾爲我們做出了榜樣。

戴爾從小生活優越，父母希望他成爲一名醫生，但戴爾卻天生只對商業感興趣，很早就有了經商的想法。一九八三年，達克爾．戴爾高中畢業後，順從父母的意願進了奧斯汀的德克薩斯大學生物系，但他卻醉心於電腦。當時，他察覺到市場對個人電腦的大量需求，而零售商的個人電腦售價過高，銷售人員在專業知識方面也有所欠缺，很難滿足客戶的需要。針對這種情況，戴爾想出了一條適合自己的賺錢方式。他接受電話訂購，向客戶直接出售按照客戶要求組裝的電腦。戴爾說服一些零售商，將剩餘的電腦存貨以成本價賣

給他。接著，戴爾在電腦雜誌上刊登廣告，以低於零售價一成五的價格出售個人電腦。此後，訂單如潮。一開始，戴爾在他的大學宿舍裡組裝電腦，直到憤怒的室友將他的零件堆在門口不讓他進門時，戴爾知道他不應該繼續在學校待下去了。

一九八四年春，戴爾離開校園，用自己的積蓄開了一家電腦公司。他向父母保證，如果生意沒有立即成功，他會在秋天重返校園。

第一年，公司銷貨收入就六百萬美元，達克爾．戴爾也成了家喻戶曉的「神奇小子」。一九九三年，戴爾公司的銷售額突破二十億美元，公司股票成了華爾街投資者搶手的高科技股之一。

這就是財富欲望的力量，它能使一個原本普普通通的人成為財富的巨人！假如戴爾有惰性，容易對生活感到滿足，那麼他就不會產生那麼大的創業能量了。

小語

你選擇了財富，對它有強烈的渴望，它才會靠近你。

6. 給未來構建清晰藍圖

在我們的周遭，一百個人中會有九十六人不滿意他們的現況，但心中又缺乏希望世界的清晰圖樣。我們仔細想一想，就會發現很多人一生茫然的隨波逐流，胸懷不滿，儘管努力反抗命運，卻沒有一個非常明確的目標。

對未來沒有明確目標的人，就像一艘沒有舵的船，只能漂流不定。一位記者訪問前美國財務顧問協會總裁路易斯．沃克時，問到如何成功。

記者：「是什麼因素使人無法成功？」

沃克：「讓我先問一下，你未來的目標是什麼？」

記者：「希望有一天可以擁有一棟山上的小屋。」

沃克：「這是一個模糊不清的目標。問題就在『有一天』不夠明確，因爲不夠明確，成功的機會也就不大。」

記者：「那，到底是什麼因素使人無法成功呢？」

沃克：「就是模糊不清的目標。

如果你眞的希望在山上買一間小屋，你必須先找出那座山，找出你想要的小屋現值，然後考慮通貨膨脹，算出五年後這棟房子值多少錢；接著你必須決定，爲了達到這個目標，每個月要存多少錢。如果你確實這麼做，可能在不久的將來，就會擁有一棟山上的小屋；但如果你只是說說，夢想就可能不會實現。夢想是愉快的，但沒有配合實際行動的模糊夢想，則只是妄想而已。」

如果你是一個渴望成功的人，就應該爲自己的未來思考，並設定一個明確的目標：在某個時間創立某項自己喜愛的事業，過成功的生活。不爲將來設定明確目標的話，是絕不可能成功的。唯有想到成功的遠景，人們才可能獲得成功，因爲人的成就絕不會超出他的想像。

那麼，該如何確立自己的目標呢？你可以自問：我想在生活中得到什麼？我想成爲什麼樣的人？

確定目標可能不太容易，它甚至需要一些艱難的取捨和痛苦的自我考驗。但無論付出什麼樣的代價，都是值得的，因爲它帶來的最大好處是，你能明白自己需要什麼。知道自己需要什麼後，就會有取向，試圖走上正確的軌道，奔向正確的方向，接著你就會採取行動。你的人生因而省卻許多徒勞，只需朝著一個方向前進即可。

對未來有了明確目標的人，潛意識就會受到自我暗示的影響，幫助你逐漸到達目的地。

羅伯特．克里斯多福就是經由明確的目標激發靈感，創造了成功奇蹟。

羅伯特是一位手藝不錯的攝影師，有一次他讀朱爾斯．奎因動人的幻想故事《八十天環遊世界》時，想像力被激發了：「別人能用八十天環遊世界，我爲什麼不能用八十美元環遊世界？我相信，如果我有誠意和信心的話，任何目標都能達到。」

於是羅伯特拿出筆和紙，列出了他可能會面臨的問題，並寫下解決每個問題的辦法。一切決定了，他就開始行動：

1.與藥物公司簽訂一合約，保證爲公司提供旅行國家的土壤樣品。

2.保證提供中東道路情況報告，換取一張國際駕照和一套地圖。

3.設法取得船員執照。

4.請紐約治安單位開立他無犯罪紀錄的證明。

5.辦一個青年旅遊協會的會籍。

6.與一家貨運航空公司達成協定，以拍攝宣傳照片為回報，搭乘免費班機橫渡大西洋。

這個二十六歲青年完成了上述計畫，就帶了八十美元搭乘飛機離開紐約市。他此行的目的是用八十美元環遊世界。下面是他的一些經歷：

1.在加拿大的紐芬蘭島甘德城，他幫廚師們拍照。他們都很高興，熱情地請他吃了免費的早餐。

2.在愛爾蘭的珊龍市，他花四塊八美元買了四條美國菸。當時在許多國家，香菸和紙幣一樣，可用來交易。

3.從巴黎到維也納的費用是給司機一條菸。

4.從維也納乘火車，越過阿爾卑斯山到達瑞士，給列車長四包菸。

5.乘公共汽車到達敘利亞首都大馬士革。羅伯特幫敘利亞的一位警察拍照，這位警察爲此感到十分自豪，便命令一輛公共汽車免費載送羅伯特。

6.幫伊拉克的特快運輸公司經理和職員拍照，使他順利從伊拉克首都巴格達到了伊朗首都德黑蘭。

7.在曼谷，一家豪華旅行社老闆把他當國王一樣招待，因爲羅伯特提供了老闆所需要的資訊——一個特殊地區的詳細情況和一套地圖。

8.擔任「飛行浪花」號輪船的水手，羅伯特從日本到了舊金山。

羅伯特．克里斯多福眞的辦到了——他用八十美元環遊世界！

聽起來不可思議吧！清晰明確的目標激勵了羅伯特，使他完成這個不可能的任務。有了明確的目標，知道自己想要什麼，對機會的知覺就會變得敏銳起來，很容易察覺到它們

的出現，進而有助於達成目標。愛德華．包克的早期經歷證明了這一點。

包克是《婦女家庭》雜誌的編輯，他從小就立志，總有一天要創辦一本雜誌。隨著年齡增長，這個目標越發堅定明確。因此，他抓住了一個在別人眼中微不足道的機會。

一天，他看見路人打開一包菸，從中抽出一張彩色紙片，隨即把它扔到地上。包克很好奇，他彎下腰，拾起紙片，看見上面印著一個女明星的照片。照片下面還有一句話：這是一套照片中的一幅。菸草公司欲借此促銷，刺激買菸者收集一整套照片。包克把紙片翻過來，發現它的背面竟是空白的。

包克覺得這是個機會。他想要充分利用照片的空白面，印上照片中人物的小傳，大大提高其價值。他找到印刷紙菸照片的製作公司，向經理說明了自己的想法。這位經理很感興趣，立即說道：「如果你為我寫美國名人小傳，每篇一百字，我就每篇付給你十美元。請你列一張名人清單，分門別類，比如總統、將帥、演員、作家等等。」

這就是包克最早的寫作任務。小傳的需要量與日俱增，他得請人幫忙才行。不久，包克請了五名新聞記者幫忙撰寫，以供應印刷廠的需求。也就是說，包克成為編輯了！

改變你的世界有一個主要方法，就是設定一個明確的目標。要想成功，就得在心中描繪一幅自己所希望達到的成功藍圖，然後不斷地強化這個遠景，使它不隨著歲月流逝而消退模糊。沒有大到不能完成的夢想，也沒有小到不值得設立的目標，唯有朝著你描繪的目標藍圖行動，才有成功的希望。

小語

提前一天思考未來，成功和財富就會早一天到。

7. 正確評估自己的能力

正確評估自己，是一個從內到外審視自己的過程，這門功課有點困難，甚至有些痛苦。因爲自我審視，意味對自己的否定和改造，這是殘酷的。大多數人往往不願意直接面對，寧願睜一隻眼閉一隻眼。然而，這會因高估自己而影響我們的發展，或者受他人評價的左右而失去主見、放棄機會。

該如何避免高估自己？首先要虛心！因爲一個人再能幹，也不一定永遠站在智慧的最高峰。眞正成就不凡的人，一向都是虛懷若谷的。

在美國乃至整個世界的汽車製造業中，福特可謂影響力深遠的重量級人物。但沒有人是十全十美的。在福特公司開發新型小轎車N360時，福特與技術部門的研究人員，爲汽車內燃機是採用「水冷」還是「氣冷」發生了激烈爭論。福特強烈支持「氣冷」，所以新開發出來的N360採用的都是「氣冷」式內燃機。

在美國舉行的一級方程式冠軍賽，一位車手駕駛福特公司的「氣冷」式賽車參賽。跑至第三圈時，由於速度過快導致賽車失控，撞到圍牆，油箱爆炸，車手被燒死。福特「氣冷」式N360小轎車的銷售量因此銳減。技術人員要求研究「水冷」式內燃機，仍被福特拒絕，幾名主要技術人員一氣之下，準備辭職。

公司的副總經理感到事態嚴重，打電話給福特說：「您覺得您在公司是當總經理重要，還是當一名技術人員重要？」福特驚訝之餘，回答說：「當然是當總經理重要。」副總經理毫不留情地說：「那就同意他們製作水冷引擎。」福特突然醒悟過來，一口答應了。

後來技術人員開發出適應市場的產品，銷售量因此大增。幾個當初想辭職的技術人員均被福特委以重任。

正是領悟到自己不可能是個全才，福特才懂得了讓步與放手，最後避免更多損失。這對一個一貫成功的人來說是不容易的。

在虛心聽取別人良善的建議時，我們也要學會區分另一種聲音，即不利的，或根本就

是惡意的建議和批評，並建立一套免疫系統，不讓自己受到影響。

批評者不像良師益友那樣熱情地幫助他人實現自我改善，而是熱衷於改變他人的目標。事實上，他們似乎是想看到別人的失敗，看到自己的預言成眞而自得。

這一點，我們可以學學那些成功人士，尤其是白手起家的人。他們似乎有一種「免疫系統」——很強的心理承受能力；一種後天養成的、不畏惡意批評者過激言論的能力，而這種心理盔甲多半從青少年時期就開始鍛鍊，因此他們大多數人不是對批評者不予理會，就是把批評當作激勵自己獲取成功的動力。

對大多數人來說，接受權威人士給予的負面評價是最大的不幸。許多人失敗於智力測驗、學習能力測驗和其他測驗，同時又溫順的接受命運的安排。對他們來說，低評價自然而然地轉化爲其後經濟上的低效率。而白手起家的人選擇了另一條道路，他們就是不相信那些貶低他們的所謂權威人士。他們有遠見、有勇氣、有膽量地挑戰老師、教授、業餘批評家和教育測試中心所給的評價。

正是這種與衆不同的思維和做法，他們才得以在社會上脫穎而出，成爲自己命運的主

宰者。

如果你也想做自己命運的主宰，那麼就需要尋找瞭解你，又能有效提供忠告的朋友。此外，你還必須瞭解自身自卑感或不安感的來由。也許這個問題在你幼年時便已埋下了種子，但瞭解它的來由會使你真正認識自己，做出積極的改變。

小語

客觀審視自己，才不會認為自己無所不能，或是一無所長。

8. 在失敗中進步

失敗是我們最寶貴的財富之一，它給了我們獨特的學習機會。成功固然可喜，但，失敗更能清晰地顯現出我們自身的弱點。

任何人的一生都不可能一帆風順，失敗是人生之旅的重要關卡。一個人的事業輝煌與否、所取得的成就大小，完全取決於所越過的關卡有多少、戰勝的困難有多少。成功者就是那些能把失敗像剔除荊棘一樣，一個個拔除的人。

失敗並不可怕，關鍵在於失敗後怎麼做。意志堅強的人會重新思考，找出失敗的原因，加以改進後重新來過。

本田汽車創始人本田宗一郎，在開始創業的時候是個身無分文的窮學生。當時，他夢想設計出一個活塞環，然後賣給一家公司獲利。他努力數年，甚至不惜變賣了妻子的嫁妝，終於設計出活塞環，本以爲那家公司一定會重用，不料卻遭到拒絕。

這是本田首次遭遇的人生挫敗，換作別人或許早就失去鬥志。但本田並沒有被失敗嚇倒，相反的，他認爲這家公司不買他的活塞環，是因爲他的設計還不夠完美。於是，他又花了兩年時間改進活塞，最後，他的設計終於被這家公司買了下來。

慶幸的是，他並沒有就此滿足。他決定自己建立活塞環工廠，建廠需要大量的水泥，時值二戰期間，本田的計畫被日本政府否決。看來這一次，本田的夢想就要因此夭折，似乎沒有人能幫他走出這個困境。然而，本田並不氣餒。他想，既然政府不肯撥水泥給自己，那麼就自己製造水泥，無論如何也要把活塞環工廠建立起來。他召集了各方朋友一同研究，試圖找出製造水泥的新方法。在日以繼夜的努力工作下，他終於成功建立了自己的工廠。

故事到此還沒有結束。本田發現摩托車生產前景看好，於是希望透過銀行貸款建立自己的企業，但遭到拒絕。這一次，似乎也沒有人能幫助他。然而，本田又一次不服輸：銀行不貸款，那就自己想辦法融資吧！他給全日本腳踏車店的老闆們發了一萬八千封信，商請他們投資，其中拒絕的有一萬五千多人，願意投資的只有三千多人。靠著這些錢，本田

創建了新的工廠。

讀者可能已經發現，本田的成功，就在於他每次遭遇別人拒絕之時，並不以為這是失敗。他絕不會因此陷入絕境，更不會心灰意冷，放棄自己的計畫。相反的，他能在別人的拒絕之中冷靜思考，從自己身上找出失敗的原因。也就是說，他能把別人的拒絕和自己一時的挫折作爲勵志之石，不斷地磨練自己，完善自己，從而使自己走出困境，獲得成功。

對於消極的人來說，失敗的打擊是重創；對於積極的人來說，失敗是一堂有益人生的學習。他們能從失敗中重新認識自己，進而磨練自己的意志、培養堅強的品格。

許多人遇到困境會打退堂鼓，放棄理想。他們稍不順心就找到退卻的理由。只有少數人不達目的絕不罷休，不管負面的力量多麼巨大，仍繼續堅持到底，超越失敗，超越困境，終能反敗爲勝。

百老匯的芬妮．赫斯特就是一個很好的例子。

一九一五年，芬妮．赫斯特來到紐約，希望靠寫作實現她的人生夢想。但是這一天的到來是那麼的漫長。整整有四年，她踏遍紐約的人行道，日以繼夜地工作。在希望逐漸黯

淡渺茫的時候，她對自己說：「百老匯，你或許可以打倒很多人，不過，那可不是我！我是永不倒下去的人。」

她的稿子一篇篇被退回來。然而，皇天不負有心人，《週六晚報》終於刊登了其中一篇。而之前，這篇稿子已經被退三十六次。我們之中大多數人碰到第一次退稿就會放棄，但是芬妮卻不，她要贏，不要失敗。

四年的艱辛過去，她的回報到來了。出版商絡繹不絕地來找她，她的書出版了，電影導演也發現了她的價值，財富紛至沓來。

芬妮．赫斯特的奮鬥史，讓我們看到恆心和毅力可以超越失敗。要成功，就必須有堅韌不拔的毅力。

因此，失敗不可怕。失敗之後不能提升自己的經驗，讓它在你生命中展現價值，這才是最可怕的。從失敗中汲取經驗，省察原因，重新塑造自己，這過程包括五個階段：

第一，找出失敗原因。

第二，重新認識自己的過去。

第三，重新認識事業目標。

第四，學習新知識。

第五，尋求幫助。

成功和失敗只有一牆之隔。打通這阻礙，不跟現狀妥協，不向挫折低頭，就能走向成功。

小語

伐木工砍伐樹，砍了一千下，但使大樹倒下去的往往是最後一擊。

發現之旅二

培養對金錢的敏銳度，賺錢沒你想像的複雜

—找到讓你富有的智慧

1. 重視小錢能爲你帶來大財富

一心夢想發大財的人不在少數，因此小錢在一般人眼裡不算什麼，因爲不認爲小錢能讓人發財。但是，小錢是大財的源頭。俗話說：「唯有源頭活水來。」不重視源頭，怎麼會有源源不斷的財富？

重視小財，是一種長遠的眼光和踏實的生活態度，大財富的累積離不開這兩種特質。

有兩個年輕人，甲是賺辛苦錢的貧民出身，乙則從小衣食無憂。兩人畢業後一起去找工作。當地上躺著的五毛錢同時出現在他們眼前時，乙看也不看地走了過去，甲卻鄭重其事地將它撿起來。頓時，乙臉上顯現鄙夷之色，彷彿說：五毛錢都撿，眞沒出息！

甲沒有說什麼，只是笑了笑。

後來，兩個人同時去一家公司面試，那家公司成立不久，規模很小。老闆說，因爲是創業階段，員工一個人得做兩個人的工作，很累，而且薪水也不高，乙一聽就不屑一顧地

走了，甲卻高興地留了下來。

若干年後，兩人在同學聚會上相遇。甲已經是個老闆，而乙剛剛被一家公司解雇，正在另覓工作。

乙見到甲的變化，很吃驚地說：「怎麼連你這樣的人也能這麼快就『發』了？」

甲說：「因爲我不像你那樣紳士般地從五毛錢上跨過去。你連五毛錢都看不上，怎麼能發大財呢？」

乙並非不想要錢，可是他眼睛裡只有大錢而沒有小錢，所以錢離他總是很遙遠，這就是問題的關鍵所在。

重視小錢是一種大智慧，一個人有了大智慧，還怕他會錯過財富嗎？一個重視小財的人，可能在別人眼裡不那麼「體面」，就如同乙看甲這樣；也可能在別人眼裡不那麼聰明，甚至可能被當成傻子。

美國第六屆總統哈里遜，小時候就在錢上露出了「傻」勁。哈里遜小時候給人的感覺是舉止木訥，傻頭傻腦。周圍的大人都以爲他傻得可以，爲了逗弄他，故意在他門口扔下

兩種不同面值的硬幣，一個是一美元，一個是五美分，看他究竟會撿哪個。結果，哈里遜左瞧瞧右看看，對一美元不動心，卻撿走了五美分。大人看了都很得意，因爲印證了哈里遜果眞很「傻」。於是，聞訊而來的大人紛紛扔錢試探，果然哈里遜每次都撿五美分，不撿一美元。因此，「哈里遜是個傻子」的看法在大家的心裡根深蒂固了。有一天，一位善良的老太太悄悄地提醒哈里遜：「傻孩子，你應該撿一美元呀！一美元可比五美分值錢多了。」哈里遜卻笑著回答：「不，老奶奶，如果我去撿那一美元，就再也沒人有興趣扔錢給我了。」

在對待小財上，需要像哈里遜那樣，從長遠的數目和積累上來衡量，而不是只看眼前。

重視小財的人，說明他能意識到小財的功用，因而好好利用它爲自己賺大錢。你可能會說，用小錢賺大錢太難了，現在做什麼不是都得大投資才行嗎？但是，在今天這個出奇致勝的時代，靠大本錢才能賺大錢的觀念早已過時了。一個頭腦靈活、關注新動向、新資訊的人，即使用很小的本錢，照樣可以賺大錢。只要你抓住機會，抛磚引玉就可以從無到

有，以小魚釣大魚。

美國加州有一個做家庭用品郵購業務的年輕人。當時，一般人做郵購，都是郵寄商品廣告和訂貨單，等待別人回函訂貨，但這種做法的效果普遍不佳。於是，這個年輕人換了一種方式，在主流婦女雜誌刊登了一則引人注目的「一美元商品」廣告，所刊登的都是大廠製造的實用商品，其中六〇%的進貨價格剛好是一美元，只有大約二〇%的商品進貨價格超出一美元。廣告一推出，人們看價格便宜，紛紛去函訂購，訂單有如雪片飛來，使他忙得喘不過氣。除了廣告費，這套做法並不需花費多少成本。雖然賣一美元商品有些虧損，但第一次的成功，換來了花大錢都難以買到的知名度。聰明的他做一美元的賠錢買賣，是爲了做更大的生意。他寄商品給顧客時，同時寄上幾十種五美元到一百美元之間的商品目錄，再附上一張空白匯款單。有了第一次交易的「安全感」，顧客就會放心地向他購買較昂貴的東西。如此一來，不僅可以彌補一美元商品的虧損，他還能獲取很大的利潤。

這樣，他的生意就像滾雪球一樣越做越大，一年之後，他設立了一家郵購公司。三年

後，他雇用了五十多個員工，銷售額高達五千萬美元。

這種釣大魚的辦法效果驚人。想當初這個年輕人一無所有，不過是一個二十九歲的小夥子而已。

這個例子告訴我們：創業之初本錢少沒關係，可以先利用小錢拋磚引玉，建立起信譽，然後再做大生意，獲取大財富。如同果戈理所說：「創業非得從一戈比（俄國的貨幣單位）開始。」

小語

不積跬步無以至千里，不積小流無以成江河！小錢是大錢的源頭，只有重視源頭，才有源源不斷的財富湧現。

2. 善用理財積聚財富

在大多數人眼裡，理財似乎是有錢人的事情，與一般人沾不上邊。其實，不管我們的收入多少，要想快一點致富，一定要學會理財。

臺灣著名理財專家黃培源在研究許多致富者後，得出如下結論：三分之一的有錢人是天生的，三分之一靠創業累積財富，三分之一靠理財致富。畢竟，出身富裕之家的佔少數，而創業成功的比率也只有七％，因此，理財是一般人致富的最佳途徑。

可能有人會說，收入不穩定的人，還需要理財嗎？

答案是：這種人更需要理財。因爲收入不穩定，本身就是一種風險，隨時可能遇到收入中斷的情況，生活水準也是時高時低；而理財的最主要目的就是減少風險，因此收入不穩定的人更需要理財計畫。

也可能有人會說，窮人連生活都成問題，談何理財？

答案是：越是窮，越需要「脫貧計畫」，因爲對窮人來說，一分一毫都是用血汗賺來的，更不能胡亂地花、盲目地投資。

理財方法的正確與否和理財能力的高低，決定了財富的多寡。有人拼命賺錢，也省吃儉用，但都沒有富裕起來，這往往是因爲他缺乏正確的理財方法與理財能力，沒有掌握財富增長的軌跡。

日本麥當勞的開創者藤田田，就是一個靠理財而成功的典型。

一九六五年，一個才踏出大學校門幾年、毫無家族資本支援的上班族青年藤田田，看準了美國連鎖飲食文化在日本的發展潛力，決意不惜一切代價在日本創立麥當勞事業。

但是他只有不到五萬美元存款，根本不具備麥當勞總部所要求的七十五萬美元現款，和一家中等規模以上銀行信用背書的苛刻條件。

藤田田是一個很有毅力的人，他開始東挪西借，但五個月下來，只借到四萬美元。於是他決定去銀行試試。跨進住友銀行總經理辦公室的大門，藤田田以極其誠懇的態度，向對方表明了他的創業計畫和求助目標。銀行總經理耐心、仔細地聽完他的表述之後，說：

「你先回去吧！讓我再考慮考慮。」

藤田田聞言，不免失望，但馬上鎮定下來，懇切地對總經理說了一句：「先生，可否讓我告訴您，我那五萬美元存款是從何而來的。」

「你請說。」

「那是我六年來按月存款的收穫累積，」藤田田說道：「六年來，我每月堅持存下三分之一的薪水和獎金，從未間斷。六年來，無數次面對生活拮据、難以爲繼的情況，我都咬緊牙關，克制欲望，熬了過來。有時候碰到意外事故需要額外用錢，我也照存不誤，甚至不惜厚著臉皮四處告貸，以增加存款。這是沒有辦法的事，我必須這樣做，因爲在跨出大學門檻的那一天，我就立下志願，要以十年爲期存夠十萬美元，然後自創事業，出人頭地。現在機會來了，我一定要提早創業……」

藤田田一口氣講了十分鐘，總經理越聽神情越嚴肅，並問清楚藤田田存錢的那家銀行地址，然後對他說：「好吧！年輕人，我下午就會給你答覆。」

送走藤田田後，總經理立即驅車前往那家銀行，親自瞭解他存錢的情況。銀行櫃檯小

姐給的答案眞如藤田田所描述的一樣，且給予他最眞誠的誇獎：「他是我接觸過最有毅力、最有禮貌的一個年輕人。六年來，他眞正做到了風雨無阻，準時來我這裡存錢。老實說，這麼嚴謹的人，我眞是佩服得五體投地！」

聽完，總經理大爲動容，被這麼嚴謹的理財作風所震撼。雖然總經理的月薪比藤田田高出好多倍，但這麼多年下來，他的存款居然還沒有滕田田多。藤田田這種嚴謹的理財方式，讓總經理看到了一個年輕人的信用和成功的潛力，因此他立即打電話給藤田田，告訴他住友銀行可以毫無條件地資助他創建麥當勞事業。

現在，日本有一萬三千五百家麥當勞速食店，一年的營業總額突破四十億美元大關。而擁有這項紀錄的主人，就是日本麥當勞名譽社長藤田田。

藤田田的成功告訴我們，理財需要正確的觀念和毅力，有了毅力才能養成固定儲蓄的習慣，進而積累財富，使之在關鍵的時候發揮作用。專家提醒我們，正確的理財觀念應是：

收入－固定儲蓄及投資－固定必要支出＝可支配所得

我們都應該像藤田田那樣，養成固定儲蓄的習慣，這是累積財富的基本原則。這樣，只要加上夢想的支撐，有一天，它就會爲我們帶來意想不到的成功和財富。

小語

理財並不只是有錢人的事情，根據理財專家統計，有三分之一的人是靠理財致富的，學會理財，你也可以成為富人。

3. 掌握金錢運作規律

《窮爸爸，富爸爸》一書中，「富爸爸」強調：你不理財，財不理你。這觀點說明，要想得到財富，就必須主動去關注它、瞭解它，因爲財富是不會主動來找你的。一個人不記錄金錢的軌跡，不觀察、不瞭解金錢的運作規律，是很難得到它的。

全世界第二大個人電腦製造及行銷商戴爾公司總裁達克．戴爾，曾被《財富》雜誌評爲四十歲以下的世界首富。他能獲得這樣的財富，與他從小培養出來的金錢觀不無關係。

戴爾在他的自傳中說，他在學校沒有學到任何關於金錢的運作規律和創業的知識技能，但在家庭餐桌上，長輩經常討論的是聯邦儲備委員會主席的決定，以及它對經濟和通貨膨脹率會產生的影響；他們討論石油危機、應該投資哪些公司、該買賣哪些股票等等。當時休士頓的經濟正值大幅成長，收藏品市場非常活躍。一次，他們在餐桌上討論郵票價值正一路攀升，小戴爾將此視爲大好機會，做起拍賣郵票的仲介，出乎意料地賺了兩千美

元，那年他才十二歲。十六歲時，他創造出一套賺錢的電腦軟體系統，當年就賺了一萬八千美元，比教他歷史和經濟學的老師賺得還多。上大學時，他就開著自己賺錢買的白色寶馬去上課。

對於用一般方法累積財富的人來說，錢是一種重要的工具，但更重要的是掌握理財的技能。錢財來去如流水，但如果你瞭解錢是如何運轉的，你就有了駕馭它的力量，可以開始累積財富。絕大部分人兀坐空想的原因，是他們接受了學校教育，卻沒有掌握金錢眞正的運作規律，所以終生都在爲錢而工作。

許多人害怕沒錢，不願面對沒錢的恐懼，因此會不加思考地做出反應。他們會去賺點小錢，但仍難以擺脫欲望、貪婪的控制，讓他們又再做出不加思考的反應。他們感到恐懼，於是去工作，希望錢能消除恐懼，但事實上恐懼仍如影隨行。

因此，造成貧窮和財務問題的主因正是恐懼，以及對金錢運作規律的無知，而非經濟環境、政府或富人。自身的恐懼和對金錢運作規律的無知，使人們難以自拔。比如，夫婦兩人有了兩份固定的收入，感到滿足，於是決定用薪水去購屋、買車、生孩子。問題來

了，這些都需要大筆的錢。於是他們更加努力的工作，尋求升遷、加薪……最後，他們的收入是增加了，但同時支出也增加了。他們得到了高額的薪資，但不知道錢都到哪裡去了。他們不停地為公司老闆工作，但等待他們的只是越來越多的債務和請款單。於是他們更加努力地工作，而債務卻也越來越多，進而陷於財務拮据的泥沼而不能自拔。

要掙脫這個泥沼，唯一方法是學會不一樣的思考，培養較高的理財和投資能力與智慧，要學會使用金錢、運轉金錢、集散金錢，讓手中的錢增值，而不僅僅是賺錢。

要掌握集散金錢的藝術，首先需要對金錢看得透徹。錢財就好比是這個社會的血脈，無時無刻不停地運轉著，使社會保持新鮮活力。一旦它流動停滯，所有人必將處在危機之中。

一位成功的企業家對資金做了生動的比喻：「資金對於企業如同血液對於人體，血液循環欠佳導致人體機能失調，資金運轉不靈造成經營不善。如何保持充分的資金並靈活運用，是經營者不能不注意的事。」這些話既顯示出這位企業家的高度財經智商，也說明了資金運轉可以加速致富的深刻道理。

小語

一旦掌握了金錢的運作規律，你就不用再為支付日常生活的帳單而疲於奔命。

4. 善用手中的錢，讓它變成眞正的資產

社會上有許多很有錢的窮人。他們之所以有很多錢，是因爲他們把錢看得太重，緊緊抓住不放，彷彿金錢有什麼神奇的價值。所以他們雖然有很多錢，但精神生活卻還是像沒錢時一樣貧瘠。

俗話說：「吃不窮，喝不窮，算計不到一世窮。」理財的宗旨不只是單純的賺錢，手段當然也不僅限於各種開闢財源的方式。會賺錢之餘，懂得如何花錢更是重要的一環。

錢本身沒有多大的價値，尤其在富人眼裡，金錢並不是眞實的資產，而是一種交易的媒介。他們從不把過多的現金放在身邊，認爲錢多不表示你一定很富有。相反，他們會把金錢變成眞正的資產。

很多時候，窮人和一般人之所以整日爲生活而辛苦奮鬥，就是因爲他們把金錢看得太重了。他們緊緊握住手中的錢，爲錢努力地工作，勤儉地過日子，不惜花費大把的時間到

處尋找、購買打折商品，盡可能地省錢。他們想藉由吝嗇變得富有，但這並不能帶來他們想過的生活。

他們雖然也知道鈔票是紙做的，卻不一定明白，錢是沒有價值的。在他們固有的觀念中，金錢就是真實的資產，所以才拼命工作去賺那些並不多的薪水。多年前，筆者看到一則新聞報導，一個老太太把辛苦多年賺來的錢藏在牆壁中，幾年後她把錢取出來，才發現鈔票已經腐爛了。在老太太眼中，錢是真實的資產，是很神聖、永恆不變的東西，所以才會把它藏起來。而富人體認到金錢不是真實的資產，不會把錢存在銀行裡，反而千方百計地「花費」，利用它進行投資，獲取更多的真正資產，比如公司的股份、房地產等。

要投資，就得把握投資良機，創造更多的機會讓自己的頭腦保持清醒，不時地問自己：「做哪一項投資我會發財？」只要心中有這種念頭，加上果斷的決心和長期的累積，走上致富的坦途是必然的。

美國旦維爾地方的百貨業巨子約翰．坎佰斯就是一個懂得抓住投資機會的人。當年，約翰．坎佰斯還只是一家紡織廠的小技師。有一次，旦維爾地方經濟蕭條，不少工廠和商

店紛紛被迫廉價拋售堆積如山的商品，價格低到一美元可以買到一雙襪子。約翰．坎佰斯覺得這是個機會，經濟不可能不復甦，襪子價格總會上漲的。於是，他馬上用自己的積蓄收購低價商品。人們見到他這股傻勁，嘲笑他是個蠢材。妻子也勸他不要這麼做，因爲他們的積蓄有限，而且都是準備給子女上學用的。約翰．坎佰斯對這些嘲笑和勸阻漠然置之，笑著安慰妻子說：「三個月後，我們就可以靠這些廉價商品發大財。」

十多天之後，廉價拋售的商品也再找不到買主，於是工廠便把所有存貨用車運走燒掉，以穩定市場物價。

之後，美國政府採取緊急行動，穩定了旦維爾地方的物價，並且大力支持當地的廠商復興。這時，旦維爾地方因焚燒的商品過多，市場缺貨，物價一天天飛漲。約翰．坎佰斯馬上拋售自己庫存的大量貨物，賺了一大筆錢，更用它開設五家百貨商店，生意興隆。

的確，金錢不是眞實的資產，它本身不能給你帶來任何安全感。只有當你善用手中的錢，讓它變成眞正的資產，你才能獲得眞正的富有。

小語

資產才是一勞永逸的終身財富。

5. 發揮你的財經智商

何謂財經智商？簡言之，就是我們對金錢的認識程度和理財的能力。打個比方，《窮爸爸，富爸爸》一書中說：「窮人和一般人讓自己爲錢工作，富人則讓錢爲自己工作。」這就是有無財經智商的區別。

其實，每個人都有財經智商，只是許多人被一些傳統的金錢觀念所束縛，走不出思維的藩籬。另外有些人雖然擁有很高的教育水準，卻缺乏最基本的理財知識。

財經智商意味著懂得如何讓一樣東西升值。這需要掌握更多的知識和資訊，需要靈活的思維。下面這個故事或許對開啓財經智商有所幫助。

半個世紀前，有兩個猶太父子漂泊到美國休斯頓，做起銅加工生意。一天，父親問兒子：「一磅銅的價格多少？」兒子答：「三十五美分。」「對！」父親說，「全德州都知道每磅銅價格是三十五美分，但我們應該說三點五美元。你試著把一磅銅做成門把，看看

價格是不是應該三點五美元。」

父親死後，兒子獨自經營銅器店。他用銅做銅鼓、奧運獎牌，甚至將一磅銅加工升值賣到三千五百美元。這個兒子，就是麥考爾公司的創始人及首任董事長。

在父親靈活思維引導下，這個兒子懂得了讓東西升值的竅門，從而開創了自己的事業。

財經智商會體現在理財上。簡單地說，理財就是教你如何掌握用錢來解決問題、減輕金錢煩惱，避免資金運用上的風險。要樹立正確的理財觀念，就得從改變理財思路著手。理財思路可以包括以下幾個面向。

消費思路

消費思路是薪水階級和家庭理財的一條新途徑。現在，只靠薪水和固定的家庭收入是難以解決購屋、買車、教育投資等多種支出的。在這種情況下，就需要開闢新的消費思路，靈活運用理財策略，充分享受國家的優惠政策，進行貸款消費。比如在經濟條件允許

的情況下，貸款購屋就不失爲一個很好的消費思路，既擁有了家庭財產，又減輕了壓力，達到消費的目的。

投資思路

從前，一般人大都喜歡把家中的閒錢存入銀行，以獲取利息的方式增加收入，但近幾年隨著銀行利率大幅調降，把錢存入銀行已不是明智的選擇。因此，不妨根據自己的喜好和能力改變一下投資方式。如購買債券、股票、保險等，或者投資收藏工藝品、紀念幣、郵票、黃金等。總之，儘量使自己的財產持續增值。

時間思路

爲了省一點錢而花太多的時間，不值得！在時間即金錢的今天，不計時間去挑選便宜一點的東西已不合實際，不如省下時間去賺更多的錢。

文化思路

過去你可能花不少錢在裝扮、吃喝、娛樂上，如今已進入知識經濟時代，想要致富，

應該多花錢在追求新知上。在速度和知識決定成敗的今天，你的錢可以用在更有效率的地方，取得更多文化知識、更多資訊，多培養自己未來致富的能力。這比花錢在錦衣玉食上有意義得多。

超前思路

超前思路就是用敏銳的眼光提前估測自己的消費目標，從而達到物超所值的目的。尤其是一些高價消費品，如購買電腦，就不能只從目前所需要的功能考量。要有超前意識，考慮到它的升級和開發。這樣，所購買的電腦才會物盡其用。

投資是理財中最重要也最能獲得成果的一個環節。

有個名叫吉姆．羅恩的人說過一句智語：「富人和窮人的哲學是不同的。富人花的是滿足投資需求後剩下的錢，窮人卻先滿足消費欲望，剩下的錢才用於投資。」

這話怎麼說呢？一般人總是等自己手頭有了多餘的錢後才去考慮投資，這樣資金總是太有限，或者難有多餘的資金，因而錯失了投資機會，難於成為富人。而有財經智商的人

會抓住機會先投資，有時甚至是借債投資，獲利後，把賺的錢大部分再用來投資，剩餘的才拿來消費，最後就成了富翁。

但是，我們不要期望經由投資理財短期致富。傳奇致富的香港首富李嘉誠，提出一個可以創造億萬富翁的財務公式：一個人每年存一萬四千元用於投資，並且投資於報酬率達到兩成的股票或房地產等，四十年後才能成爲億萬富翁。

李嘉誠在演講中提到這個公式時，有人就問：「四十年後還享受什麼呢？有沒有更快速的投資秘訣？」李嘉誠本人也覺得四十年有點太久，於是花了一番功夫針對這個問題進行深入研究，結果是：理財必須花費長久的時間，短時間是看不出效果的。

我們可以把投資致富看成是「馬拉松競賽」，而非「百米衝刺」，它比的是耐力而不是爆發力。所以，影響未來財富的關鍵因素，是投資報酬率的高低與時間的長短，而不是資金的多寡。

既然看到了財經智商的好處，就得想想如何去激發並釋放我們的財經智商了。《窮爸爸，富爸爸》一書告訴我們：「理財是社會人一項非常重要的遊戲規則，一個現代人必須

突破傳統的金錢觀念，學習理財的知識和技巧，亮出你的財經智商，最終成為金錢的主人……」

作者還說，富人是因為學習和掌握了財經知識，瞭解了金錢的運作規律並為我所用，大大提高了自己的財經智商；窮人則正好相反，儘管有的人非常聰明能幹，接受了良好的學校教育，具有很高的專業知識和工作能力，但由於缺少財經智商，依然還是窮人。

看來，要致富就必須多瞭解財經知識，學習新的金錢觀念和理財技巧，而且要馬上行動！

小語

提升你的財經智商，培養良好的理財習慣，累積並保護你賺來的財富。

6. 讓錢運動起來

談到致富，有人會說，我只是個一般的上班族，靠固定的薪資生活，致富這輩子都甭想啦！還有人說，創業需要大量資金，我只有一點點積蓄，要想發財眞是難上加難啊！

事實上，這是他們把錢看得太死，沒有讓錢運動起來的緣故。

富人之所以成爲富人，是因爲在他們眼裡，金錢是有生命的東西。他們認爲金錢可以創造金錢，就像生物繁殖一樣。比如一粒種子，你把它種在土壤中，給它適當的陽光、水分和養分，它就會生根發芽，茁壯成長，開花結果。

富蘭克林在一七四八年寫了一本書，名爲《給青年商人的忠告》。書中談到了「讓錢運動起來」：

記住，金錢有生產和再生產的特質。金錢可以生出金錢，而它的再生物又能生出更多的金錢。

記住，每年六鎊，就每天來說，不過是一個微小的數額。就這個微小的數額來說，它每天都可以在不知不覺中被花掉。一個講信用的人卻可以對自己擔保，把它不斷地累積到一英鎊，並眞正當作一英鎊使用。

所以即使你只是一個薪水階級，只有少許資金，也能得到財富，而且是在確保生活無虞後有機會致富。事實上，確實有人做到了這一點。

如果不信，請看美國的奧斯朋先生。一個靠薪水生活的上班族。他用以致富的原則實在太平凡，以致人們往往不把它放在心上。他的做法是：

1. 從賺得的每一美元中節省下十美分來。

2. 每六個月把儲蓄和投資所得的利潤再拿去投資。

3. 投資時，聽取行家關於安全投資的忠告，以免冒險而喪失本金。

這三點就是奧斯朋靠有限資金致富的原則。試試從賺得的每十元中省下一元，進行安全投資，你也能得到財富。當然，要想從事投資，首先必須保持長期從事一項事業的心

態，而不要有買彩券似的賭徒心態，更不要渴望短期就致富。

那麼，靠有限的資金，應做哪些投資，才能收到較佳的效益呢？

如果你敢冒險，又有一定的心理承受力，那麼你可以投資股票市場。如今，上市股票遍及各行各業，證券行到處林立。少則一兩萬元，多則三、五十萬元，你便可嘗嘗當股民的滋味。當然，股票使一些人發了財，也使一些人虧了本。如果你眞要在股海中搏擊，就得先學一點股票投資的知識和技巧。

如果你有鑑賞眼光，投資古董、字畫是最好的選擇。中國大陸有個書畫愛好者，前幾年用自己多年來的積蓄買了一批字畫。最近，他把這些原先每幅只花人民幣五百到八百元的字畫拿去拍賣，每幅已升至人民幣六千到一萬元左右。光這筆投資，他就淨賺十幾萬元。

一般人願意把錢存在銀行，讓錢變成看起來安全無虞的死錢，就是因爲他們怕冒險，對投資感到畏懼。其實，投資最大的風險就是專業知識和膽識的缺乏，有了投資方面的專業知識，就不必顧慮風險，最重要的是根據投資報酬率來選擇投資方案。諾貝爾基金會的

資金周轉成功，便歸功於選擇了投資報酬率高的方案。

一八九六年，諾貝爾捐獻九百八十萬美元作爲諾貝爾基金會的原始基金。但是每年頒發的獎項必須支付高達五百萬美元的獎金。到一九五三年，基金會只剩下三百多萬美元。眼見資產即將消耗殆盡，基金會的理事們及時覺醒，意識到投資報酬率對財富累積的重要，於是當年做出突破改變，將原來只准存放銀行與購買公債的理財方法，改變成爲以投資股票、房地產爲主。於是到一九九三年，基金的總資產竟然高達兩億多美元。

這個事實顯示，正因爲基金會選擇了投資報酬率高的投資方案，他們的錢才運轉起來，從而利滾利，資產倍增。

如果你還沒有接觸投資領域，對投資風險有恐懼心理，這是很正常的。任何人一開始都對風險感到恐懼，不過當你瞭解了風險的本質，並學會用自己的知識和借用別人的經驗駕馭它後，就會逐漸克服這種恐懼心理。

總之，不要把錢當作是靜態的死東西，這樣的認定會使你無法眞正瞭解金錢的作用。金錢是活的，而且在不停地運轉，從一個人手中轉到另一個人手中，在轉動中創造出更大

的價值。要想獲得更多的財富，就讓你手中的金錢運轉起來吧！

小語

用知識和智慧給金錢鋪設一條順暢的運動軌道。

7. 財富就在家門口

拿破崙．希爾在他的《成功是一種心態》書中，爲我們分析了心理遠視的問題：「心理遠視的人易於忽視近在眼前的可能性。他看不見近在手邊的機會，只看到未來的夢想世界，且認爲它與現實無關。他要從頂峰開始他的偉大事業，而不願從山腳一步步向上攀登。」

心理遠視容易出現在我們追求財富的過程中，其實，追求財富並不需要捨近求遠，我們千辛萬苦尋找的財富，其實就在家門口。

古時候，有一個波斯人叫阿里．哈菲德，住在離印度河不遠的地方。阿里有一座很大的農場，有果園、田地和花園，他還借錢給人收取利息。他因富裕而知足，也因知足而富裕。

一天，一位來自東方的僧侶拜訪了阿里。他在火爐邊給阿里講了很多事，其中說到鑽

石的形成和璀璨。僧侶告訴阿里，如果他有拇指大的一塊鑽石，就能買下一座城鎮，如果他有一個鑽石礦，他就能憑巨大的財力讓他的孩子登上王位。

阿里．哈菲德聽了鑽石的故事，當夜就失眠了。雖然他並沒有失去什麼，卻覺得自己是個窮人了。他暗暗發誓，「我一定要有一個鑽礦」。

第二天早晨，阿里將僧侶從夢中搖醒，對他說：「請你告訴我哪裡能找到鑽石？」

「鑽石？你要鑽石做什麼？」「當然是想非常非常富有。」「那麼，好吧！你去找鑽石吧！」「但是我不知道往哪裡找？」「嗯，如果你找到了一條河，河水從白色的沙子上流過，兩邊是高山，你就能在這些白沙子裡找到鑽石。」

阿里說：「好，我馬上出發。」

於是他賣了農場，索回了借款，將家人託給一個鄰居照顧，在一個迷濛的清晨出發去尋找鑽石了。他從月亮山開始找起，來到巴基斯坦，接著輾轉進入歐洲，最後，他身無分文，衣衫襤褸，困苦不堪。一天，他站在西班牙巴塞隆納海灣的岸邊，一個又一個大浪向他打來，這個可憐人，飽經折磨和打擊，奄奄一息，抵不住一種可怕的衝動，便跳進了迎

面而來的潮水中，淹沒在異鄉的浪濤下，再也沒有起來。

這天，買下阿里農場的人牽著駱駝到花園裡飲水。園裡的小溪很淺，當駱駝將鼻子伸到水裡的時候，小溪底部的白沙子裡出現一道奇異的光芒。順著這道光芒，他挖出了一塊黑色石頭，只見它熠熠發光，如彩虹般燦爛。他把這塊石頭放在壁爐架上，隨後就把它忘了。

幾天後，那位僧侶來拜訪，一進門就看到壁爐架上的那道閃光，他衝過去，喊道：「這是鑽石！是阿里・哈菲德回來了嗎？」

「啊！沒有，阿里・哈菲德沒有回來，那也不是鑽石，不過是塊石頭，就在我們家的花園裡找到的。」

「但是，」僧侶說，「我告訴你，我認識鑽石，我可以肯定它是鑽石。」

他們一起衝到花園裡，用手挖起來，天啊！他們發現了一塊更美麗、更有價值的寶石。

戈爾康達鑽石礦就是這樣發現的。這是人類歷史上最輝煌的鑽石礦，勝過金伯利。英

王王冠上的科依諾爾鑽石、俄羅斯國王王冠上的奧洛夫鑽石，還有世界上最大的鑽石，都是從這個鑽石礦裡挖掘出來的。

如果我們也像阿里．哈菲德一樣，只把眼光放在遠處，就會白白喪失眼前的機會。

其實，在發揮遠大計畫或理想之前，應該先好好觀察一下周遭，從日常生活入手，看有沒有合適的機會和新的發現。從熟悉的環境和事業中走向成功，不是可以省卻更多的時間和精力嗎？就好比農民可以利用科技栽種或繁殖來創造財富，並不是非得千里迢迢跑到城市才能淘到金子；有能力的人也並不是非得到國外才有用武之地，在國內一樣能用自己的聰明才智開創事業。

如果你在工作中有了新的發現，哪怕你從事的只是很一般的工作；如果你在生活中有了小小的靈感，哪怕只是家常可用的創意；如果你的朋友爲你提供新資訊，哪怕只是微不足道的消息，你都不要當作司空見慣而放在一邊。因爲成功無處不在，而機會卻往往因你的漠視而溜走。

伊森．拉塞爾醫生爲了籌建公益學校四處演講時，講過一個故事：

美國麻塞諸塞州有一個制服工廠的窮工人，三十八歲時因為職業傷害而不能繼續在工廠裡工作，只能被安排在辦公室裡做簡單的活——擦去帳單上鉛筆所做的記號。薪資很低不說，光是每天用橡皮擦擦帳單，手就累得酸脹腫痛。後來，他在一根小棍棒的前端綁上橡皮，用它擦帳單，就像飛機開來開去。他的小女兒看見了，說他何不拿這個發明申請專利！這位工人後來在波士頓申請了專利，也因此成了大富翁。

事實證明，很多人都像那位擦帳單工人一樣發了財：有的人是在幫別人打掃房子時起了成立清潔公司的靈感；有的人是發現褲子前面沒有開口的不便，而發明了拉鏈；有的人是在做家務時，因長頭髮帶來的不便而發明了髮夾……很多人正是因為對別人司空見慣的現象提供了有效的改善，從而得到了財富。

學會觀察吧！關注你的周遭，你會發現財富和機會可能就在你眼前！

小語

財富近在咫尺，以致於人們從它的身邊望過去，忽視了它的存在。

發現之旅三

挖掘自己，使你的能量充分轉化爲財富

一你也具備富有的潛力

1. 發掘自己的潛能

每個人本身就是一筆無法估算的財富，如同一座寶藏，越努力去開發，收穫就越多。但前提是，先要認清自己。有時，要認識自己是很困難的。很多人一生都不能眞正瞭解自己，因而無法發現自己在事業上的長處與弱點，不瞭解自己性格的魅力與障礙。人的自我意識相當複雜，兼具「洞察」的特點和不確定性，常常因爲受到他人的評頭論足而出現偏差。

如果我們能眞正不帶偏見地審視自己，就會發現自己生活在一種慣性的束縛中。在人生最初的一、二十年裡，我們已經形成對自己比較固定的看法。因爲這些看法，我們無法突破固有的思維模式和行爲模式，不是在某些想法和事情上對自己信心不足，造成自我否定和退縮，就是在某些不足的方面過於樂觀，自我感覺太好。

其實，人的潛能無邊，一個人的能力範圍也比想像中廣泛得多、深刻得多。我們所累

積的各種知識，大部分潛藏於腦海中，遭遇刺激後才能發揮出來，這份潛在的力量究竟有多大，根本難以估量。

比如說，迫於形勢，一個人絕對可以變成另外一個人，表現出與原來完全不同的個性；平時認爲自己做不到的事，在特殊的壓力或激勵下，卻順利地完成了；別人認爲你做不到，或平時你從沒做過的事，經過自己的摸索也完成了。仔細想一下，這樣的例子其實很多，所以千萬不可低估自己。

如何才能客觀地認識自己呢？

首先，不要把自己局限於某種範圍內。在自我認識的過程中，固然要看到別人的優點，發現自身的弱點。但也不必將它看得過於嚴重，被別人的優點壓倒而輕視自身的價值。你需要去發掘自身的價值和無限的潛能。

我們或許有著很大的弱點，但也同樣有很大的優點。你應該揚長避短，克服自卑。英國寓言中的小「心安草」，值得我們學習。

一個國王獨自到花園裡散步，竟發現花園裡所有的花草樹木都枯萎了，園中一片荒

涼。原來，橡樹由於覺得自己沒有松樹那麼高大挺拔，厭世死了；松樹又怨怪自己不能像葡萄那樣結許多果實，抑鬱死了；葡萄哀歎自己終日匍匐在架上，不能直立，不能像桃樹那樣開出美麗、可愛的花朵，於是也死了；牽牛花也病倒了，因爲它歎息自己沒有紫丁香那樣芬芳……其餘的植物也都垂頭喪氣，無精打采。最後，在一株枯萎的樹下，國王總算看見了一絲亮亮的綠色，那只是一株非常細小的安心草，只有它綠意盎然，在陽光下旺盛地生長著。

正因爲它沒有拿自己的弱點跟其他植物的優點做比較，正視自己的特點，小小的心安草才樂觀地活了下來。

那麼，如何挖掘自己的潛能呢？

一是要學會適度的自我欣賞，認爲自己是聰明有能力的，只是一時無用武之地，一旦時機成熟，必然可以有所成就。這種意識強烈地根植在腦海中，就會產生積極向上的心態。簡言之，就是要弱化我們的弱點，強化我們的優點，使它最終爲我們服務。

像這樣把自我的缺點擱在一邊，全力發展其他方面特長而獲得成功者，不在少數。

托爾斯泰還是少年時，父母對他的未來有不同的看法。父親說：「這孩子長大後不會有什麼出息。」母親卻說：「我倒覺得這孩子才華過人，將來必有作爲。」母親總是告誡托爾斯泰：「你的外表不及別人體面，因此要加倍用功讀書，將來才能大有作爲。」貌不驚人的托爾斯泰終於憑他的才華征服了世人，成爲俄羅斯最偉大的作家之一。

其次，是對自我永遠抱著鼓勵的態度。

在碰上失敗或失誤時，對自己要寬容，相信自己的能力。對自己冷酷無情，就會破壞和阻礙自己的進步。要耐心地對自己說：「我會擺脫這一切，我會逐漸成熟起來。」

印度聖雄甘地曾說過：「自己比自己大。」就是說，我們自身的價值和潛能是不可估量的。把潛藏的價值發掘出來，成功就會向你走來。

沒有人是完美無缺的，同樣的，也沒有人是一無可取的。找出自己內在本質中的優點，保持這些優點，努力改進不足，發揮自己的才能，磨練自己的本領，你的潛能就會成爲你成功的利器。

小語

任何人都有無窮無盡的力量等待著自己去發掘。

2. 大膽無畏爲你敲開財富的大門

沒有人甘於平凡。我們心中可能常常出現一些大膽的、非比尋常的想法，它們可能既珍奇可貴，又荒誕無稽，所以有時候，你很難有勇氣和膽量去正視它們。

當心中出現某個模糊的計畫時，不要以爲它不成熟而不敢正視它，或對別人難以啓齒。一個未經驗證的想法執行起來是需要一定勇氣，但往往正是這種勇氣和膽量爲我們敲開財富和成功的門。

諾爾．威特克是澳洲一位實至名歸的重量級理財顧問，也是《致富的黃金定律》作者，在該書中，他講到了跟一些高中生座談的情況。下面是在座談交流中發生的故事，也許有助於激發我們的膽量和冒險意識。

我跟他們談這個日新月異的世界，談成功的條件。學生普遍的反應是，「如果錢對我

來說並不重要呢？」如果現在他們還這樣想，那麼我無話可說。但是，從這個年齡的人口中說出這樣的話，其實還有另一種意味：「我不想做任何努力，我害怕失敗！」只要問問他們中了頭彩，誰願意把所有的錢都捐給慈善機關？就很容易把他們區分開來。

當我們爭論這一話題的時候，一個名叫索菲亞的女孩羞澀的問道，「我總是夢想擁有一間服裝店，您認為像我這樣的女孩會成功嗎？」她說這番話的時候，神情害羞，但從她的眼睛裡，我可以感到一種堅定不移的信念。

我告訴她，她已經處於最優秀的百分之五當中了，因為她有一個非常明確的目標。然後，我教她一個提問技巧：先假設自己已經實現了既定目標，然後一步一步往回推，直到回到自己目前的處境上。就索菲亞而言，提問的順序為：擁有服裝店→經營服裝店→在服裝店成為一名優秀、有價值的員工→學會經商→在服裝店找到工作。

顯然，第一步是在服裝店找到一份工作。我明確告訴她，不要把它想像得太難，因為我認識很多零售業者，都覺得找到一名優秀人才很不容易。

接著，我說：「索菲亞，妳得到工作之後，必須努力使自己脫穎而出，讓老闆覺得妳

與以前那些員工有所不同。早點上班，千萬不要因為貪睡而遲到；一直工作到打烊，然後問問老闆，還有什麼事情妳可以幫忙。迅速增長自己對於這一行業的知識，讓自己成為客户的一筆資產，學習基本的銷售知識，這樣妳就知道如何幫助顧客做出決定。讓自己成為一名值得老闆信賴的員工，上班時間少打私人電話，儘量避免請病假。簡言之，妳必須表現得就像為自己的時裝店工作一樣。幾個月後，令人感到驚訝的事情會發生。老闆慶幸找到了一名出色的員工，於是他放心地去休假，把服裝店交給妳照顧。這時，妳已踏入成為服裝店經理的門檻了。」

看完這番分析，我們可以發現，諾爾．威特克將創業這件事情描述得如此簡單，除了一些普通的常識、良好的素質，以及不屈不撓追求目標的能力之外，他沒有對索菲亞提出任何更高的要求。設想一下，如果索菲亞沒有勇氣把自己想當服裝店老闆的想法說出來，就不會得到這樣肯定的鼓勵和幫助，那她很可能只會當它是一時興起的想法而放棄。

大膽無畏，需要一種「初生之犢不畏虎」的精神。既要敢想別人所未想，也要敢做別

人所未做。比如說，要結交地位較高的人，對一般人說來似乎比較困難，但其實並非如此，下面這個少年的勇氣就值得我們學習。

美國有個名叫阿瑟・華卡的農家少年，在雜誌上讀了某些大實業家的故事，很想知道得更詳細些，並希望能得到他們的忠告。他跑到紐約，也不管幾點開始辦公，早上七點就到了威廉・亞斯達的事務所。

華卡立刻認出了面前那位體格結實、長著一對濃眉的人是誰。高個子的亞斯達起初覺得這少年有點討厭，然而一聽少年問他：「我很想知道，怎樣才能賺得百萬美元？」他的表情便柔和起來，露出微笑，兩人竟談了一個鐘頭。隨後，亞斯達還告訴華卡該去哪裡訪問其他實業界的名人。照著亞斯達的指示，華卡遍訪了一流的商人、總編輯及銀行家。在賺錢方面，他所得到的忠告並不見得對他有所幫助，但是能得到成功者的知遇，卻給了他自信，他開始仿效他們成功的做法。

又過了兩年，這個二十歲的青年買下了他當學徒的那家工廠。二十四歲時，他成了一家農業機械廠的總經理，不到五年，他就如願以償地擁有了百萬美元的財富。這個來自鄉

村簡陋木屋的少年，終於成爲銀行董事會的一員。

在大多數人看來，華卡的想法可能是天眞的，行爲可能是魯莽的。但正是這種超越常規的勇氣和膽量，使他學到了一生受用的信條：多結交有益的人，會見成功的前輩，這能轉換一個人的機運。此一信條使他得以活躍實業界六十七年之久。

小語

記住貝希魯金說過的話：「大膽些！它會產生有助於你的強大力量。」

3. 前瞻的眼光讓你獲得別人難以得到的財富

一般情況下，人們只會在確定成功的事情上投入資本，而不願爲未知的事情冒險。對大多數人來說，未來的事情是不確定的；投入不確定的未來令人害怕，所以只有具備非凡前瞻眼光的人才能做到。什麼是前瞻的眼光？

這是一種看到機會和光明前景的能力。

沒有遠見的人，只看到眼前可以感知的事情。相反的，有遠見的人，心中裝著所有他感興趣的事情，並會爲之做好準備。未來，是屬於那些今天就已經爲將來做好準備的人。唯有如此，未來才會讓我們擁有更多的財富。

如果你想擁有更多的財富，就必須早日培養和確定人生的遠景。用遠大的志向激勵自己，同時頑強地朝著自己的人生目標走下去。

洛克菲勒是世界上第一個擁有億萬財富的人，他所以能取得成就，不僅因爲他從父親

那裡耳濡目染的學會經商哲學，從母親那裡學到精細、守信、一絲不苟的品德，最主要的是，他從創業中鍛鍊出前瞻眼光，以及敢於爲之冒險的魄力。

洛克菲勒十九歲時，只是一個販賣穀物和肉品的小商人。一九五九年，美國的賓州特斯維爾出現了第一口油井，洛克菲勒這年方二十出頭的精明小夥子，就從世界各國的石油熱潮中，看到了這項冒險事業的前景，於是他決定冒險。在他與合夥人競標安德魯斯·克拉克公司的股權中，就充分展現他的冒險精神。

拍賣開始時，洛克菲勒每次出價都比對手高，當標價達到五萬美元時，雙方都知道，這已經大大超出該石油公司的實際價值，但洛克菲勒滿懷信心，決意要買下這家公司。當對方最後出價七萬二千美元時，洛克菲勒毫不遲疑地出價七萬二千五百美元，最後勝利得標。

他的遠見爲他賺得了石油生意的第一桶金。當他所經營的標準石油公司在激烈的市場競爭中，控制了美國煉油出口量的九成時，他的眼光也始終放在同行的前面。

二十世紀八〇年代，利馬發現一個大油田，因爲含碳量高，人們稱之爲「酸油」。當

時未能找到有效的提煉方法，因此只能賣一角五分一桶。洛克菲勒預見到總有一天能找到有效的提煉方法，堅信它有潛在的巨大價值，所以執意買下這個油田。這個建議遭到董事會多數人的堅決反對，他只得說：「我將冒個人風險，自己出錢購買，如果必要，我不惜拿出兩、三百萬。」洛克菲勒的決心終於迫使董事們同意了他的決策。結果，不過兩年時間，洛克菲勒就找到了煉製方法，油價一下子由一角五分漲到一元。標準石油公司在那裡建造了全世界最大的煉油廠，盈利猛增到幾億美元。董事會的成員們最後不得不承認，洛克菲勒比他們任何人都看得遠。

大凡成功致富的人都有極強的預見能力，世界上最窮的人並非身無分文者，而是沒有遠見的人。成功者的眼光盯著未來，看準一個目標就鍥而不捨地追逐，直到成功爲止。

陳天橋是大陸網路遊戲產業的奠基者和領導者，年紀輕輕就擁有鉅額財富，他從默默無聞到發奮創業的傳奇經歷，一直吸引著大衆的眼光。在中國網路業界，陳天橋以具有戰略眼光著稱。

一九九九年，年僅二十六歲的陳天橋和他的幾個好朋友合夥開了一家「上海盛大網路

發展有限公司」。他們選擇了在當時沒有銷路的「互動娛樂」產品，公司業務以動畫、卡通為主，還開出了虛擬社區（網路遊戲社區的前身）。這在網路娛樂業還沒流行的當時很不被看好，甚至有人認為網路虛擬社區是不務正業，不能夠賺到錢。

事實證明，他們的選擇是很有市場的。最早從事專業網路卡通的盛大網路，在短短幾個月就擁有了一百萬左右的註冊用戶。為數龐大的用戶使中華網看到了商機，在二〇〇〇年一月，投下三百萬美元的鉅資入股盛大。

短短幾個月的時間，盛大的資產就從五十萬美元變成三百萬美元，也就是二千四百多萬人民幣，這是相當驚人的財富增長率。

從陳天橋的風險抉擇上，我們可以看到，一個人的眼光到什麼程度，他的財富和事業就能發展到什麼程度。

遠見跟一個人的職業和身分無關，無論是貨車司機、營業員、專業經理人、大學教授、公司小職員或是農民，遠見不是生下來就具備的，它跟獨特的思維方式一樣，是一種可以培養出來的本領。

那麼，如何挖掘，並培養自己的遠見，讓自己做事具有前瞻性呢？

首先，有了想法之後要自己去求證，不要被別人的意見左右。而在做重要決定前，要分析權衡你的實際情況。要能夠承受住壓力，對自己充滿信心，同時按照規畫前進，不要中途變更。做大事時要能捨小利，堅持大目標。

要記住：「未來三倍勝於現在。」凡事眼光要放遠，該放棄的就放棄，該堅持的就堅持，朝著自己前瞻眼光的引導前進。

小語

有沒有前瞻的眼光，與一個人的職業和身分無關，它不是與生俱來的，而是一種可以培養的本領。

4. 充滿熱情

愛默生曾經說過：「缺乏熱誠，難以成大事。」大多數人的失敗，並不是因為他們缺乏智慧、能力、機會或是才氣，他們的失敗，往往是因為沒有足夠的熱情全力以赴。即使生活平淡無奇，只要心懷足夠的熱忱，任何人都可能成功。機會之門總為熱情的人而開。

因熱情而成功的人不在少數。美國前奧運五項全能運動選手瑪麗琳・金就說過，所有太空人、奧運選手和公司主管都有三個共同點：「他們懷有對自己來說眞正重要的東西，有著他們眞正想做的事情，或想成就的目標。這個東西，我們稱之為熱情。」

中國大陸ＩＴ界最早致富的是張朝陽，大家從他的成功裡，看到的可能是他的高學歷，在國外留學所獲得的新思想、新觀念等等，這些固然都是原因之一，但最重要的，還是他開創事業的熱情。

他在美國麻省理工學院求學時，教授兼知名風險投資人愛德華・羅伯茨成為他創業的

啓蒙老師。當張朝陽去遊說羅伯茨投資時，羅伯茨並不覺得他提的方案有什麼獨特之處。羅伯茨回憶說，眞正打動他的，是張朝陽「很聰明，很急切，很投入，對事業有激情和熱誠」。在羅伯茨等人的幫助下，張朝陽終於進入海外投資人的關係網絡，從而順利發展他的事業。

人並不是人天生就熱情洋溢的，或多或少，我們都有一些膽怯和懦弱。如果想走上成功之路，就必須儘快地克服它們。

熱誠可以由後天學習而得。積極的生活態度，樂觀向上的生活方式，會給你正確的心態，克服自身的性格弱點，培養你高昂的情緒。下面幾種方法可以培養你的熱誠。

·用充滿自信的口吻與別人交談，大聲地說話，讓別人知道你不會膽怯，不會害怕，是一個充滿自信的人。

·親切地注視著對方的目光，讓別人感染到你的眞誠與熱心。

·始終保持微笑，在愉快中直截了當地闡述你的觀點。

這些方法很簡單，最重要的是保持良好的心態，設法控制你的情緒。熱誠可以像無線

電波一樣傳遞給別人，經由面談，經由握手，經由電話……

虛假的熱情、偽裝的真誠是騙不了人的。過分的熱心，刻意地迎合，每個人都可以看出來，沒有人會相信。

一位成功的推銷員曾說過，熱情是推銷員最重要的素質，握手時要讓對方感覺到你真的很高興和他見面。

不斷地鼓勵自己，在潛意識裡把自己設想成一個成功人士，你不斷地在內心的「螢幕」上設想你超越對方，甚至假想自己是個趾高氣揚、八面玲瓏的人，之後，你就會感受到喜悅、自尊、快慰與卓越不凡，這種成就感會帶來高昂的情緒，帶來勝利，帶來走向成功的捷徑。

范仲淹說：「不以物喜，不以己悲。」這句話其實很適合用來探討熱情。也就是說，不管我們處於何種境地，生活在什麼樣的環境裡，不管是在艱苦的條件下開創事業，或是只擁有一份很平凡的工作，都要保持熱情，這樣才能抓住屬於我們的機會。拿破崙．希爾博士經歷的一件事，或許有助於我們重新認識自己的生活和工作。

有一次我下榻洛杉磯的一家旅館。一早，我請旅館派人清潔房間，進來的服務生是個墨西哥人，說著一口蹩腳英文。「早安！早安！早安！」雖然他連續打了三次招呼，但聽起來非但不覺得奇怪，反而十分順耳。

「你好像非常認真。」我對他表示了我的觀感。

「是啊！」他咧著嘴，露出一口潔白的牙齒。「我現在在美國有一份很好的工作。我能為您倒杯咖啡嗎？」

「好的，謝謝。」

他接著說：「今天的天氣很棒。」

「我聽氣象預報說今天可能會下雨。」

「是啊！可是下雨很好啊！下雨會使草地看起來更綠，而且花和樹木都需要雨水的滋潤，不是嗎？」

這位服務生離開房間後，我對他留下非常深刻的印象，我瞭解他所以能夠勝任這份工作的原因了。

拿破崙．希爾還說，聰明而又充滿熱忱的人容易得到工作；打起精神積極生活的人，才會受雇主的歡迎。

因此，哪怕你的事業還沒開始，或者你剛剛失業，這些都不可怕。因爲，意想不到的援助和機會，總會留給那些態度積極、充滿熱忱，而又精神愉快的人！

如果你相信美好的人生，相信人生存在的價值，那就對自己的生活和所從事的事業充滿熱情吧！你的信念會改變你的人生，你的前途將會充滿喜悅與美好。

小語

富於熱情不僅能感染自己，還可以感染別人。

5. 夢想是最難得的財富

夢想始於內心的一份渴望。當你渴望成功時，夢想便油然而生。渴望是原動力，當你想要一樣東西或想要做成一件事時，心中便有一股力量，推動你去獲得、去進取、去追求。

夢想是內心的驅動力，是經由想像而產生的意念。我們可以利用夢想推動自己邁向成功。有了熱情和夢想的人才會勇往直前，爲成功而奮鬥。

每個人的內心都有一股力量，可以推動自己上進，可惜許多人卻不願爲了實現夢想而奮鬥。其實，積極進取是享受生活樂趣的一個重要環節。想要在任何方面取得成就，都必須有積極的夢想。

當你渴望創造財富時，夢想可以成爲契機。從朦朦朧朧的夢想，到知道自己最想要做什麼的那種清晰而又強烈的願望，是一個心理上的飛躍；從強烈的欲望到眞正確立自己的

目標，這又是一個飛躍。

想成就大業者要實現自己的夢想，把夢想化爲實際的行動，確實要走過一段相當漫長的道路。關鍵在於，你能不能使這種越來越強烈的夢想和欲望，在內心深處轉化成一種自我激勵的驅動力。

多年以前，美國汽車業鉅子亨利．福特決定改良如今非常有名，但在當時卻並不出色的V-8式發動機的汽缸。他想製造八個汽缸鑄成一體的引擎，指示工程人員去設計，但在當時的技術水準和發展條件下，工程人員都認爲這是不可能的。

福特堅持說：「無論如何要生產這種引擎。」

「但是，」他們回絕道，「這是不可能的。」

「去研究吧！」福特不容置疑地命令道，「堅持做到，無論要花多少時間，直到完成它爲止。」

工程人員如果要繼續任職於福特汽車公司，就別無選擇。六個月過去，沒有成功的跡象；又過了六個月，仍然一無所成。工程人員越是努力，這件工作就似乎越不可能。

那一年的年底，福特詢問這些工程人員時，他們再一次向他報告說無法達成使命。「繼續研究，」福特說，「我需要它，我一定要辦到。」

結果呢？引擎製造成功了！它被命名為福特V-8引擎，並裝配到當時最好的汽車上，使得福特汽車公司一舉成爲全球最強大的汽車公司，同時也成爲汽車業遊戲規則的制訂者，福特更因此成爲世界知名的汽車大王，帶領美國汽車工業走在世界前頭，其他汽車公司花了許多年時間才能追趕上來。

從這則故事中，我們可以看到夢想在福特成大業的重要性。他瞭解自己想要的是什麼，並且堅信自己的夢想，不遺餘力地去執行，所以他成功了。

夢想不是孩子們的特權。只有勇於夢想和想像，我們才能設計自己的未來，進而以不懈的努力讓它實現。任何年紀都有權擁有夢想，實現夢想也永遠不嫌遲。只要有勇氣起步。

從現在起，只要你重視自己的渴望，把它當成夢想去堅持，你也可以在適合自己的天地裡出類拔萃。

小語

夢想是希望之花，只要你悉心培育，就能結出希望的碩果。

6. 自信是財富之本

美國社會學家曾對《美國名人錄》做過一項深入研究。他們從中隨機選出一千五百名有特殊成就的人，分析他們的行事態度和特性。結果顯示，成功的人都有許多相同的特性，自信心就是五項影響成功的最重要因素之一。七成七的被調查者都同意此觀點。

健全的自信的確是成功的關鍵。

那麼，什麼是自信？

自信就是相信自己的行爲和能力，相信自己有力量去實踐目標。如同著名的黑人人權領袖馬丁．金恩所言：「這個世界上，沒有人能夠使你倒下。如果你自己的信念還站立的話。」

你是否相信自己的能力呢？對於本身的能力若缺乏自信——你便無法使自己獲得眞正的成功，更不可能得到眞正的幸福。

如何才算有自信呢？

自信心不僅僅是一種感覺，也不僅僅關係你的能力，關鍵在於，你是否有採取明確行動去解決生活問題的才智。它包括堅強的意志力和因應狀況、設定方案的能力。

一支商隊在運貨的途中要經過沙漠，他們在烈日的炙烤下負重穿越茫茫的沙海，隨風飛揚的狂沙火熱地撲打著商人們的臉孔。這些都還能忍受，但乾渴的滋味令他們心急如焚——大家都沒水了。幾乎所有的人都洩了氣，不願再走。這時，一位經驗豐富的老商人拿出自己的一只水壺，說：「這裡還有一壺水。但越過沙漠前，誰也不能喝！」

於是，這壺水成了他們穿越沙漠的信心之源，是這壺水讓他們看到一線生機，成了他們求生的寄託。水壺在商人們手中傳遞，那沉甸甸的感覺使瀕臨絕望的臉上，又顯露出堅定的神色。商隊終於頑強地走出了沙漠，掙脫了死神之手。當顫抖的手擰開了支撐他們精神和信心的水壺時，從裡面流出來的，卻是滿滿的一壺沙子！

正是老商人的意志力和謀略，重建了商隊的信心，使他們走出了困境。

自信也是一種力量，它是事業成功的重要條件。有自信心，才能激發奮鬥的熱情，不

屈不撓地開拓進取。

拿破崙之所以有「戰神」之稱，是因爲只要他一上戰場，士兵的信心和力量即可以倍增。軍隊的戰鬥力大半寓於士兵對將帥的信任，如果將帥沒有必勝的雄才而露出倉皇驚恐，軍隊必然人心動搖、士氣大減。若將帥非常自信，那麼軍隊的勇氣肯定倍增。

人的精神就像軍隊一樣，也應該有個主帥——信心。

如果總是認爲自己這也不行，那也不行，久而久之，就會形成僵化思維，對學習和工作帶來不利的影響。有一個人，三十歲不到就開始考慮自己創業，想法不錯，也得到了家人、朋友的贊同和支援，但卻遲遲沒有行動的跡象。朋友問起時，他不是說：「我擔心萬一失敗，就什麼都沒有了。」就是說：「這個事業別人沒有做過，有了成功的例子我再做。」過了幾年，他還在做人家的夥計，因爲他不確信自己的想法，不確信自己有能力解決創業中可能面對的問題，因而錯失了許多機會。

自信的人具有統治心靈的力量。有一種相當特別的人，他不僅擁有優異的才能，而且總是顯得充滿信心。每當周遭陷入悲觀，他便會立刻使用所謂的「吸塵器思考法」，設法

打消旁人的悲觀念頭，繼而冷靜地提出分析與建議，直到大家重新審視問題，產生積極的想法。這樣的人，必然成功。

自信不是天生的，但可以經由後天培養。它是一種習慣性的想法。如果經常存有失敗的念頭，那就先輸了一大截。相反地，倘若對自己充滿信心，並具有主宰自我的意志與習慣，那麼即使面對逆境也能處之泰然。愛默生也曾表示：「相信有志者事竟成的人終將贏得勝利。」

當你缺乏自信的時候，不妨把你的思慮集中在對自己有利的一點上。當你有了挫敗感，或自信盡失時，不妨冷靜地坐下來，拿出紙張做個圖表。這個圖表並非記載對自己不利的事物，而是要記下對自己有利的東西，然後清楚地加以確認，並把意念集中在這上面。如此一來，不論發生任何困難，你都能順利克服，你的內在力量也會因此而產生，扭轉失敗的局面。

想擺脫平凡和貧窮，取得成功和財富，就必須具有「相信我有辦法做到」的自信，如果立志做到，它就可以變成你的終生財富。

小語

每一個人都是自然界最偉大的奇蹟。所以，不要頹喪，不必氣餒，要相信自己！

7. 靈感是富有的泉源

每個人都會有靈感，卻只有極少數人能抓住它，讓它爲己所用。

靈感的連結或是激發，有時候會來得毫無先兆。可能是在很平凡無奇的時候，或吃喝玩樂的時候，甚至是無聊發呆的時候，靈光就閃現了。

一個身無分文的人，憑著技能或理念，說不定哪天就成了億萬富翁。搜狐公司首席執行長張朝陽說，這是美國社會告訴他的。而搜狐網站的名稱，就是他在北京一家麥當勞裡閒坐的時候想出來的。

華德・迪士尼是一個極具遠見的成功人士。他在總結人生經驗時說：「一個人即使窮困潦倒到極點，也不要忘記捕捉靈感。」

他的靈感曾經帶他到一個這樣的地方：在那裡，想像力比一切都重要，孩子們歡天喜地，全家人可以一起在新世界探險，小說中的人物和故事在生活中出現，觸摸得到。這個

遠見後來成爲事實，首先出現在美國加州迪士尼樂園，後來是在美國的佛羅里達迪士尼樂園，之後又出現在日本、法國、香港。

當初，迪士尼曾因付不起房租而被房東趕出門外。他坐在公園的長椅上，內心極其鬱悶之時，從他的行李箱中探出一隻小老鼠的腦袋，瞪著亮晶晶的眼睛好奇地東張西望，模樣十分可愛，迪士尼的心情頓時好了起來。他想，如果我把牠畫出來，看到牠的人心情不也會好起來嗎？於是，一個極富想像力的米老鼠誕生了，也造就了一個擁有幾十億美元的富翁。

靈感有時候會在不合時宜的時候來臨，就看你有沒有好的心態去把握。

一個德國工人在生產一批紙張時，不小心弄錯了配方，生產出大量不能書寫的廢紙。萬分沮喪之際，他發現這種紙有相當好的吸水性，可以用來吸乾家庭器具上的水分。他於是將這種紙切成小塊，拿到市場上去銷售，結果十分搶手。後來，他就靠這個錯誤的配方申請專利，成了富翁。

靈感也不完全是空穴來風的，如果沒有把握時代的精神需求，沒有打破常規的思維方

式，就不可能產生創造性的靈感。

美國有個叫傑伊的房地產經紀人，一天，他去咖啡館喝牛奶，服務生送來一杯冒著熱氣的牛奶，他撩起餐巾包著玻璃杯往嘴邊送時，不慎打翻了牛奶，濺在腿上，燙傷了他。他十分惱火，可是繼而一想，突然產生了靈感：能不能為咖啡杯、牛奶杯之類的器皿開發一種既漂亮又可以隔熱的裝置呢？每天都有成千上萬的人要喝滾燙的咖啡和牛奶，這不是很有市場嗎？

就是被這麼偶然的一燙，傑伊決定不做房地產經紀人，專心投入新產品開發。很快，他就用鋁箔紙板設計開發出一種「爪哇隔熱罩」，產品上市之後，全國各地的訂單絡繹不絕。現在，傑伊開發生產的「爪哇隔熱罩」每月要銷售四百五十萬只。

靈感總是若隱若現地出現在你身邊，要多注意周遭的事物，記下印象深刻的一切，捕捉你腦中靈機一動的瞬間。當然，除了腦袋之外，你還可以借助紙和筆。或許你認為某些想法現在沒什麼用，但說不定有一天會用得上，就如同時髦與復古的消費潮流一樣，不知道哪天又會流行哪一種。

看看周遭很多致富的奇蹟，我們不時會從中感覺到各式各樣靈感的火花，有些能點燃起財富的火焰，有些只是如流螢般一閃而過。因此，光有靈感是不夠的，還需要讓它變爲成熟可行的方案。

第一步，收集、整理靈感並寫下來，這是一項不可缺少的工作。

第二步，隨時翻閱，根據新資訊和潮流加以更新和整理。

第三步，根據自己的判斷力和實際能力選擇靈感，並將之具體化。

這樣，你就可以全心去研究並實踐某個靈感了。當然，再好的靈感也只是靈感而已，千萬不要以爲只要動點小腦筋，突發奇想，就能財源滾滾。正如愛因斯坦所言：「成功等於百分之一的靈感加百分之九十九的汗水。」想實現靈感，還是要付出努力和勞力的。

小語

記住，即使是一個身無分文的人，憑著技能或理念，說不定哪天就成了億萬富翁。而理念的雛形，就是偶發的靈感。

8. 創意也可以創富

創意，是一種獨特的、富有創造力的思維和活動。有時候，巧妙的創意比雄厚的資金還實用。成功致富的路有千萬條，但當今不少巨富大賈，他們的財富都是靠當年獨特的想法、抓住機會及時行動才擁有，並不是靠雄厚的資金。

在《你的創造力》、《應用想像力》等著作中，見解獨特的奧斯本教讀者如何用創意創造，鼓舞了成千上萬的人做創造性思考。奧斯本說：「每個人都有一些創造力，但是多數人沒有學會如何應用。」

創意何來呢？

一是熱情。它是產生創意的先決條件。熱情，就是對生活和工作充滿熱愛，對自己的想法充滿自信，拋棄「不可以」、「辦不到」、「沒有用」、「那很愚蠢」等思想渣滓，不畏首畏尾。如一位成功者所說，當你想到一個點子時，應當去尋覓實行它的理由，而不

是去尋找不做的藉口。

二是思考。奧斯本就像許多創造性的思想家一樣，把紙、筆當作心愛的工具帶在身邊。每想到一個概念，他就把它記下來。像其他有成就的人一樣，他會花時間從事思考、計畫和研究。正如大企業家藤田田所說，從今天起，每天強迫自己想一個創意，你將不難發現到處都有賺錢的機會。

三是要樂於接受各種創意。有一位在保險業中表現傑出的人告訴朋友：「我是保險業中最好的一塊海綿，盡我所能去吸取所有良好的創意。」

下面這則故事或許可以讓讀者體會出何謂創意。

唐代有一位大文人叫陳子昂。人們都知道他是著名的大文學家、書畫家，但很少有人知道他還是一位頗有創意的銷售大師呢！

那年，陳子昂去京城求官，走到半路，發現帶的錢不夠了，別說買不成官，就是繼續趕路也有困難。和別人借？不行，舉目無親，沒有熟人。典當身上物品？沒什麼值錢的東西。怎麼辦？

他唯一可以指望的是自己的書畫，那可是具有極高收藏價值的藝術品。可是，在家鄉可以賣書畫，在一個不認識自己的陌生地方，不會有人花高額買自己的書畫。如何讓當地居民認識到自己的書畫價值？去推銷？不行，因爲越是去推銷，人家越是不買你的帳。他突然想起「琴棋書畫」這四個字，而且有了一個很有價值的聯想：凡是喜歡琴的人就喜歡書畫，如果把喜歡聽琴的人都找來，來的人都讚賞我的琴技，那麼，人家就可能買我的書畫了。

陳子昂會彈琴，但是彈得不太好。不過他發現，人們對琴師的評價往往是從使用琴的等級來判斷。

於是，陳子昂先到當地一家有名的琴行，抵押物品，借到一把最好的琴，他在城牆上一坐，彈了起來。

人們奔相走告，說有一位琴師用那把誰都不曾碰過的琴在城牆上彈奏，他一定是大琴師！來賞琴的人越聚越多。

當人群達到一定規模，並紛紛爲其演奏叫好的時候，陳子昂突然把琴摔了：「我的琴

技你們叫好，我的書法水準比我的琴技高明多了，我是專程去給皇帝寫字的，路過此地……」

於是，陳子昂的書畫威望一下子傳播出去，人們爭相購買他的字畫。很快，去程的盤纏就湊齊了。

創意本身就是一種財富，爲什麼呢？因爲它不僅是一種思想成果，還能生利。

從創意到生利是一個複雜的過程，它需要多種能力、不同資源的整合。一個熱情洋溢的人難免會衝動，思維跳躍，使跟隨者無所適從。因此他需要嚴謹和理性的夥伴，解讀其瘋狂，不厭倦平淡和重覆，不畏懼失敗，推動創意前行。當然，理性和感性平衡統整的人不是沒有，只不過太少而已，因此讓我們驚異而振奮的成功故事也就不多。

在大陸年輕一代的創業者中，江南春是能讓人振奮的一個例子。他的創意成果是樓宇電視。「一個白領階級平均一天看一小時電視，其中只有五分鐘看廣告，但這五分鐘，在大陸創造了五百億的市場。如果一個白領階級在上班、上館子時看到樓宇電視廣告，加起來也有五分鐘，即使創造不了五百億，五〇億應該有吧！」江南春堅信自己創意的邏輯，

於是他找到了錢，找到了人。他的股票在納斯達克上市，他合併了競爭對手，成爲新媒體龍頭。

如果你的付出有希望、有回報，那就要具熱情、動腦筋、認眞去實行，這一點不僅適用於你的事業，也適用於感情或生活等其他方面。

小語

創意如同獨特的個性，有其存在的價值和好處。

9. 勇於創新幫你找到財富

人與其他動物根本上的不同，在於人對自身需要的滿足是經由創新來實現。創新是人類活動的根本原則與價值。

很多人都覺得創新是件很難的事情，彷佛只是上層決策者和精英們的「責任」或「專利」，離自己很遠。二十世紀最偉大的成功學導師拿破崙．希爾認爲：創新並不只是某些行業的專利，也不是智慧過人者才具有創新的能力。每個人都可以創新，都可以成功。

洛克菲勒也說過一段名言：「如果你想成功，就應該開出新路，而不要沿著過去成功的舊路走……即使你們把我身上的衣服剝得精光，讓我一無所有，然後把我扔在撒哈拉沙漠的中心地帶，只要有兩個條件——給我一點時間，並且讓一支商隊從我身邊經過，要不了多久，我會成爲一個億萬富翁。」也就是說，創新的能力是開拓事業最基本的先決條件，一個人要想帶動自己的事業向前發展，必須具備創新的能力。

創新需要眼光和商業頭腦，有了它，即使是廢物也能變爲寶貝。

美國德州有座很大的女神像，因年久失修，州政府決定將它拆除，只保留廣場上其他建築。拆除後，廣場上留下了數公噸的廢料：碎石、廢鋼筋、朽木塊、爛水泥……雖然這裡面有些金屬可以賣一點錢，但清理這堆廢料需要上萬美元的人力費用，因此沒有一個人願意攬下清理工作。

一個叫斯塔克的年輕人卻主動將這個差事承接下來。在他看來，這些「廢物」都是無價之寶。

他請人將大塊廢料切成小塊，進行分類加工：把廢銅改鑄成紀念幣；把廢鉛、廢鋁做成紀念尺；把水泥做成小石碑；把神像帽子弄成很好看的小塊，標明這是神像著名桂冠的某部分；神像嘴唇的小塊標明是它那可愛的唇……它們分別被裝在一個個十分精美而又便宜的小盒子裡。甚至朽木、泥土也用紅綢爲墊，裝在玲瓏剔透的盒子裡。

更讓人好奇的是，他雇了一批軍人，將廣場上這些廢物圍起來，並豎立一塊大木牌，一下子引來許多人圍觀。大家都去看木牌上寫的字：

「過幾天，這裡將有一件奇妙的事發生。」

人們於是紛紛猜測會有什麼事發生？裡面是什麼寶貝？

一天晚上，趁著士兵鬆懈，有個人悄悄溜進去偷取製成的紀念品，但被逮獲。這件事立即傳開，報紙、電臺廣播紛紛報導，大肆渲染。這更引起了人們的好奇心。

斯塔克認爲推出計畫的時候到了。他在那些裝有「寶貝」的盒子上寫了一句感傷的話：「美麗的女神已經遠去了，我只留下她這一小方紀念物。我永遠愛她。」

這些紀念品一一售出，小的一美元一個，中等的二塊五美元，大的十美元左右。賣得最貴的是女神的嘴唇、桂冠、眼睛、戒指等部位，五十美元一個。很快地，所有紀念品都被搶購一空。

斯塔克的做法在全美掀起了一股極其感傷的「女神像風潮」，他從一堆廢棄泥塊中淨賺了十二萬五千美元。

所以說，創新並不是「遙不可及」的事情，它只是在尋找一種新的改進辦法。這種辦

法也許並不起眼，然而一旦眞的實現之後，就能產生巨大的效應。

創新沒有現成的模式，創新的頭腦也不是與生俱來，所以「學習」和「發現」就成爲第一要務。要想做成功的創新，必須先有創新的思維，如果說創新是火車，那創新的思維就是推動動火車的電力系統。想成就一番事業，就要努力培養你的創新思維能力。

有一個藝人舉著一塊價值九美元的銅塊叫賣二十八萬美元。人們問他怎麼回事，他解釋說：「這塊價值九美元的銅塊，如果製成門柄，價值就增爲二十一美元；如果製成工藝品，價值就變成三百美元；如果製成紀念品，價值就應該達到二十八萬美元。」

他的創意打動了華爾街的一位金融家，結果那塊銅最終製成了一尊優美的胸像——一位成功人士的紀念像，價值三十萬美元。從九美元到三十萬美元，這就是創造力。

一塊價值九美元的銅塊，在有創新思維的人眼中，就不僅僅是銅塊，而是可以增值的物品。可見人的智慧一旦生出一個新點子，它就永遠超越了原來的它。

對你來講，你的創造力就是新點子。創造力是一個人創新的能力。你不妨回想一下，自己在處理哪些事情時有比較好的新點子？你是否針對自己的新點子採取了行動？是否可

能創意枯竭沒有「新點子」？如果可能，找出原因。

生命的原則就是創新的原則，你也可以開創新的生活和事業。只要你想人之所未想，做人之所未做，從別人注意不到的地方著手即可。

小語

創新並不是遙不可及的事情，有時只是思路和行動轉個彎而已。

10. 放棄固有思維，開闢致富新路

放棄固有的思維方式和習慣，意味著思路和心態的轉變。比如你的人際關係、工作方法、作息時間等等，如果長時間沒有什麼變化或讓你有所收穫，你就應該試著去改變一下。這要從生活小事做起，比如嘗試新的口味、新的書籍、新的音樂，以及新的朋友，或是採取與以往不同的上班路線，過一個與往年不同的假期，在這個週末做一件與之前不同的事情等等。

俗話說：「窮則變，變則通。」沿著一條看不見光明的路走到天黑，往往只能以失敗收場。如果能在絕望中改變思路，就會發現另一個生機。下面這個故事就是另尋出路，成功致富的典範。

十九世紀中期，美國加州傳出發現金礦的消息。許多人認為這是一個千載難逢的發財機會，紛紛收拾行李和乾糧奔赴加州淘金。十七歲的小農夫亞默爾也加入了這支龐大的淘

金隊伍，歷盡千辛萬苦，趕到了加州。

被發財夢吸引的人越來越多，一時間淘金者蜂擁而至，僧多粥少，金子自然越來越難淘。不但金子難淘，生活也越來越艱苦。當地氣候乾燥，水源奇缺，許多不幸的淘金者不但沒有圓夢致富，反而身染重疾不幸喪命。經過一段時間的努力，和大多數人一樣，亞默爾沒有發現黃金，反而被饑渴折磨得虛弱不堪。一天，望著水袋中一點點捨不得喝的水，聽著人們對缺水的抱怨，亞默爾突發奇想：淘金的希望太渺茫了，這麼多人需要水，還不如找到水源賣水呢！於是亞默爾毅然決然放棄尋找金礦的念頭，將手中挖金礦的工具變成挖水渠的工具，從遠方將河水引入水池，用細沙過濾，成爲清涼可口的飲用水。它將水裝進桶裡，挑到山谷一壺壺地賣給找金礦的人。

當時有人嘲笑亞默爾，說他胸無大志：「千辛萬苦地趕到加州，不挖金子發大財，卻做起這種蠅頭小利的買賣。這種生意哪裡不能做，何必跑到這裡來？」而亞默爾不爲所動，繼續賣他的水。

在年輕的亞默爾看來，此地賣水不亞於淘金。因爲，哪裡有這樣的好買賣，哪裡有這

樣無人競爭的好市場？結果，除了少數幾個幸運兒之外，大多數淘金者都空手而歸，而亞默爾卻在很短的時間靠賣水賺到六千美元，這在當時可是一筆非常可觀的財富了。

對於獨具慧眼的人，賺錢的機會是無處不在的。別人眼中的廢物，在他們眼裡卻能變成寶貝，這就是他們能開創獨一無二事業的原因。比如舊報紙，許多人不屑一顧，卻有一個年輕人看到了其中的價值。只要打聽到哪家圖書館或是書店低價處理舊報紙，他會馬上去聯繫收購。買回來後，他按年、月、日期整理，寫上溫馨的祝福語，進行精緻的外包裝，做成生日禮物出售。這一新奇的禮物引起不少人的興趣，這樣有紀念意義又有文化內涵的禮物是很難找的。所以，一份幾分錢收來的報紙，成爲生日禮物可以賣到幾百元的價格，利潤之大，賺錢之輕鬆可想而知。而這個獨具慧眼的年輕人輕鬆致富也是必然的，因爲他開創了獨一無二、沒有競爭者的產業。

小語

熱情會在日復一日中消磨殆盡，改變才是出路。

發現之旅四

財富無處不在，你也可以輕鬆擁有

—善用你的一雙慧眼

1. 時間創造財富

從古至今，無數賢哲都叮嚀我們時間的重要性。魯迅說：「我把別人喝咖啡的時間都用來寫作。」奧斯特格夫斯基借保羅的口說：「當我們回首往事，不因虛度年華而懊悔。」時間對任何人都是平等對待，珍惜它，它就是財富；忽略它，它便一文不值，你也因此一無所有。

隨著科技的不斷提升，時間的價值也以十倍速、百倍速增長。可以說，時間是一切，是人生最大的資本，只有懂得利用時間的人才能贏得財富。

一位投資專家說過，在時間和金錢這兩項資產中，時間是最寶貴的。如果要讓時間增值，那麼，賺錢的速度就要以秒來計算，要分秒必爭地捉住瞬息萬變的商業資訊。

薩姆．華頓自從建立威名百貨，就採用先進的資訊技術來確保配銷系統維持高效能。公司總部有一臺高速電腦，與二十個配銷中心及上千家百貨商城連接。透過商城收銀櫃檯

掃描器售出的每一件商品，都會自動記入電腦。當某一商品數量降低到一定程度時，電腦在一秒鐘內就會發出信號，向總部要求進貨。總部電腦接到信號，會在幾秒鐘內調出貨源檔案提示員工，讓他們將貨物送往距離商城最近的配銷中心，再由配銷中心的電腦安排配送時間和路線。這一高效率的自動化控管，使公司在第一時間內全面瞭解銷售情況，合理的安排進貨結構，及時補充庫存，降低存貨成本，大大減少資本成本和庫存費用。

薩姆．華頓還在威名百貨建立了一套衛星互動式通訊系統。憑藉這套系統，華頓能與所有商城的配銷系統進行通訊。如果有什麼重要或緊急的事情需要向商城和配銷系統傳達，華頓就會走進他的廣播室，打開衛星傳輸設備，在最短的時間內把消息送達。這一系統花費了華頓七億美元，是世界上最大的民用資料庫。

他認為建立衛星系統是絕對値得的，他說：「它節省了時間，成為我們的另一項重要競爭。」

如果說，以分鐘來計算時間的人比用小時來計算時間的人，時間多了六十倍的話，那麼以秒來計算時間的人，則比用分鐘來計算時間的人又多了六十倍。華頓建立的高科技通

訊系統，可以說每分鐘都是錢。

致富計畫的關鍵是價值，很多人認爲價值是用金錢來計算的，但事實上，價值是要用時間來計算的，因爲時間比金錢更重要。

如果你想獲得財富，就必須投資比金錢更有價值的東西——時間。大多數人想富有，但不願先投資時間。他們寧願去經營一些當前熱門的投資專案或熱衷於迅速致富的方案，想儘快地開始一項業務，又不去瞭解足夠的資訊，不去掌握基本的業務知識。他們匆匆忙忙地去賺錢，最後反而失去了金錢和時間。他們只想靠自己去闖出一番事業，從未想過先花時間學一些東西，或者按照一個簡單的長期計畫進行。如果能簡單地遵循一個長期計畫，幾乎每個人都可以成爲百萬富翁，只是多數人不願去投資時間，想一夜致富，只會說「掙錢最重要」、「有了錢再去學」，要不就是「我沒時間去學投資，我太忙了。」

這就是爲什麼只有少數人能擁有財富的原因。多數人工作太忙，根本沒有時間思考他們究竟在忙些什麼。他們經常說：「我對學習投資不感興趣，這門課題也不吸引我。」他們這樣說的同時，也失去了實現富有的機會。他們成爲金錢的奴隸，整日爲金錢所控制，

寧願省吃儉用，也不願投資一些時間訂一個計畫，讓錢爲他們工作。

如果你想成爲富有的投資者，就應該先投資更多的時間。很多人不能超越安全和舒適這兩個生活層次，就是因爲他們不願投資時間，然而，爲了眞正致富，就必須下定決心利用和規畫時間。

如果你努力地工作，只想以節儉來累積財富，那麼，不妨考慮花一些時間去規畫、學習投資，做一個長遠卻輕鬆的致富計畫。因爲光靠勞力是不能致富的，你需要在有利於致富的相關資訊上投資一些時間，以改進自己的工作效能，使財富加速和穩固。

小語

你最寶貴的財產是你手中的二十四個鐘頭，你有沒有訂出一套最能充分利用這二十四小時的戰略？

2. 提高效率讓你提前富有

做同一工作，節省了時間就提高了效率，賺得了金錢。每人每天擁有的時間都是相等的，一個人之所以會成功，就因爲他在二十四小時當中做了和我們不一樣的事情。要成功，就必須好好管理時間，提高工作效率。

要提高工作效率，首重時間管理，必須有時效觀念、提高時效的意識和行爲。時間管理是一門縝密、嚴謹的科學。成功學家拿破崙．希爾曾說：「善用時間是最重要的。一天的時間如果不善加規畫，就會漫無目的地浪費掉而一事無成。經驗顯示，成功與失敗的分界線在於怎樣分配時間。人們往往認爲，這裡幾分鐘，那裡幾個鐘頭沒什麼用，但它的作用可大了。」

要善用時間，最重要的就是減少時間的浪費。英國著名外交家查斯特．菲爾德勳爵說：「好好利用小段時間，就會有大段時間。」

大多數忙碌的成功者都知道時間所帶來的無情壓力。他們不斷地抓緊時間，如同時時刻刻留意數量有限的珍貴原料一樣。經驗老到的撲克牌高手小心地把賭金分成一堆堆銅板和紙幣，成功的時間管理者也會運用同樣的分類方法，把一天以小時作爲單位，謹愼地運用自己的時間。

有時效觀念的人，會衡量同樣時間內付出不同勞力的報酬。比方除草專家可以把修剪樹枝當作一項新增服務，如果每次修剪樹枝的費用爲二十元，而一小時內可以修剪四次樹枝，那麼他每小時的收入就有八十元。以他目前除草只有三十元的時薪來看，修剪樹枝無疑獲利更多、更划算。

如果回頭看看，我們會發現自己在一些細枝末節上投入了太多的時間。有個成功者講述了他在這方面的體會：

如何分派任務曾是我面臨的一項最艱巨挑戰。大多數時候，我幾乎都事必躬親。身為一個完美主義者，我認為只有我自己才能準確無誤地完成任務。每當我考慮讓其他人去完

成這些事的時候，我就會想：「他們一定做不好，我肯定要重新來過。」於是我會打消假手於人的念頭，最終可能還得自己完成。與他人分擔責任是件困難的事。

事後回想，我才發現，這種想法降低了工作效率和生產力。現在我正在努力改變這種心態。

擁有四百七十五本著作的科幻小說作家莫夫說：「我不是完美主義者，我回頭看自己所寫的書時，一點也不會感到遺憾或擔心。」是的，當你發現再多花些努力也不會讓最後的成果有顯著改善的時候，那就別再爲這項工作過度耗費時間了。

對一個人來說，什麼才是最重要的事呢？就是自己最擅長、對自己最有利、收益最大的事情。

有時間觀念的人會把時間花在能比別人做得更好、更快的工作上。爲了讓自己每小時的投資報酬率更高，他們會把其他工作外包給相關領域的專業人士，或委託給部屬去做。時間有限，不可能凡事自己來，而應該細選。別企圖把每件事攬到自己身上，那是根本辦

不到的，何苦呢？把時間用來做你最擅長，或能得到最大酬勞的事情，其餘無關緊要的事就交給其他人吧！

選擇效益最大的事情，將時間花在這上面，專心致志地去完成正確的任務，遠比正確地完成任務要重要百倍。關鍵在於，要分辨輕重，選擇對自己最重要的事。

老子《道德經》上說：「事善能（做自己喜歡做的事，才能做得更快、更好）。」當一個人喜歡自己的工作時，工作就變得不再是工作。當然，人不可能對每件工作都保持著同樣的興趣。但要試著調整「必做」事項和自己覺得有趣的工作，從中取得平衡。試著找那些令人興奮、有趣，又能實現自我的工作來做。

許多掌握時效的高手，除了樂在工作外，也能從超高的效率本身獲得快樂。這些人未必都是工作狂，不過，他們卻以自己的成就和效率爲傲，能在一天中做完別人一週內才能夠完成的事。

想提高自己的效率，並不需要激烈的改變，只要採取以上所建議的做法，每天加以練習，馬上就能從繁忙中得到更多喘息的機會，也漸漸學會在更短的時間內做更多的事。

如果你想早一步致富，多一些時間去享受生活的話，那就先從提高工作效率開始吧！

3. 誠實、守信是最大的資本

十九世紀英國浪漫主義哲學詩人山繆．科爾里奇說：「一粒誠實，要遠比一磅的智慧強得多。我們可能因某人的聰明和智慧而羨慕他，但我們更因他所具有的美好品德而尊敬他、愛戴他。堅持眞理，襟懷坦蕩，以誠待人，樸實無華，是造就美好的基石。」

誠實、守信是維繫整個社會的關鍵。人無信不立，良好的信譽會給自己帶來意想不到的便利。誠實、守信也是形成強大親和力的基礎，誠實、守信的人會使人樂於和其來往，在某種程度上消除不利因素所帶來的障礙，使困境變爲坦途。

一般人都喜歡與誠實、爽直、表裡如一的人打交道。要在商場上或其他任何行業中成功，誠實和正直都是必不可少的。

做人與做生意一樣，首先要講究誠實，誠實帶來的榮譽就是一筆可貴的財富。日本大企業家小池說過：「誠實就像樹木的根，如果沒有根，樹木就別想有生命了。」這段話也

是小池成功的秘訣所在。

小池年輕時在一家機器公司當推銷員。有一段時間，他的推銷非常順利，不到一個月就有三十多位顧客訂貨。之後，他發現公司賣的機器比其他公司同等性能的機器貴些。他想：「如果顧客知道了，一定以爲我在欺騙他們，會對我的信譽產生懷疑。」於是深感不安的小池立即帶著合約書和訂單，逐家拜訪客戶，如實地向客戶說明情況，並主動請他們解約。

結果，這種誠實的做法使每個訂戶都深受感動。三十多位客戶中沒有一個跟小池解約，反而因他的誠實對他信賴不已。從此以後，人們就像小鐵片被磁石吸引似的，紛紛向他訂購機器。

像小池這樣小心謹慎、誠實正直的人，發財致富的速度可能不如那些不擇手段、弄虛作假的人來得快。但這是眞正的成功，因爲他們沒有運用詐騙和不正當的手段。即使一個人一時無法成功，也必須誠實，失去全部財產也要挽回人格的尊嚴，因爲人格本身就是財富的泉源。

馬克思說過：「友誼需要用忠誠去播種，用熱情去灌溉，用原則去培養，用諒解去呵護。」墨子說過：「言必信，行必果。」孔子也說過：「與朋友交，言而有信。」信用是處理人際關係的必守信條，敵對雙方談判要守信用，做生意雙方成交要守信用，上下級交流要守信用，甚至父親對剛懂事的兒子說話也要講求信用。

信用的心理作用是給對方安全感，人際關係以互相吸引為前提，而這種吸引很重要的一點是——雙方必須在來往中滿足心理上的安全感。比如，約定的聚會要按時出席、承諾的任務要奮力完成、答應了朋友的委託就要辦到、借別人的款項或物品要如期歸還。這些可不是無關緊要的小細節，而是影響個人信譽和人際關係的大問題，切不可掉以輕心。

有個人為了開公司向友人借了二十萬元，說好年底償還。結果到了年底，公司還沒有獲利，資金周轉非常困難，為了還朋友二十萬，他絞盡腦汁才籌到十萬元，怎麼辦？老婆勸他向朋友求情，寬限兩個月，他搖頭；公司裡的高級幕僚給他出主意說：「反正你朋友也不急著用錢，不如先還十萬元，其餘的開一張長期支票，等戶頭上有了錢再還。」他也沒有這麼做。最後，他用自己的車去抵押貸款，終於籌齊了二十萬。當朋友知道情況後，

留下一句話：「你是最講信用的人，今後有困難儘管找我！」

後來，這個人在商場上大展身手時，卻被一家跨國公司整垮了。他想重振旗鼓，於是想起當年借錢給他的朋友。他抱著姑且一試的心理找到對方，那位朋友毅然決然借給他二十萬。兩年後，他不僅還清了債務，而且還賺了一大筆。有人問他是怎樣起死回生的，他鄭重地說：「是靠信用！」

誠實、守信是市場經濟的遊戲規則，無論從事哪種職業，都要謹守原則，講究信用，要知道「誠信是金」，它是你最大的「資本」！

小語

誠實、守信是一種做人的藝術，當你因它得到回報時，也就掌握了其中的道理。

4. 人情也是財富

每一個成功者都少不了旁人有力的支援，那麼，是什麼讓他們得到堅定的支援呢？人情就是其中一個因素。眞正的人情是不計付出與回報的。不計付出，反而能讓你獲得更多，因爲人情比精明更容易得到回報。

在多數人的意識裡，只有熟人之間才存在人情，其實不然。在需要的時候給予陌生人眞摯的溫情和幫助，反而更令人難忘，因爲陌生人之間的人情通常是不求回報的。事實上，在給予人情時，只要別人受用就夠了，不該也不必求取回報、計算得失，因爲人情畢竟不是商業上的往來。下面這個發生在美國的眞實故事，也許會讓我們對人情有更深的領悟。

一個暴風雨的夜晚，一對老夫婦互相攙扶著走進一間旅館的大廳，想要住宿。無奈飯店的夜班服務生說：「十分抱歉，今天的房間已經被早上從外地來開會的團體訂滿了。可

是我不能看著你們再一次置身於風雨中，如果兩位不介意的話，我的房間可以提供給你們，因為我正好值夜班，用不著。它雖然比不上豪華套房，但還是乾淨、整潔的。」

老夫婦大方的接受了他的建議，向他致謝，也對因此造成的不便表示歉意。

第二天早上，雨過天晴，老先生去櫃檯結帳，櫃檯前仍是昨晚的服務生。他沒有收錢：「昨天您住的房間並不是飯店的客房，所以我們不會收您的錢，希望您與夫人昨晚睡得安穩！」

老先生頗感意外地點頭稱讚：「年輕人，你是每個旅館老闆夢寐以求的員工，或許改天我可以幫你蓋棟旅館。」

幾年後，這個年輕人收到一封掛號信，信上提及那個風雨夜晚所發生的事，另外還附一張邀請函和一張紐約的來回機票，邀請他到紐約一遊。

抵達曼哈頓幾天後，服務生在第五街和三十四街的交叉口見到了這位老先生，這個路口正矗立著一棟氣派的新大樓，老先生指著它說：「這是我為你蓋的旅館，希望你來為我經營，還記得嗎？」

這位服務生驚異莫名，說話也變得結結巴巴：「您是不是有什麼條件？您爲什麼選擇我呢？您到底是誰？」

「我叫威廉・阿斯特，我沒有任何條件，我說過，你正是我夢寐以求的員工。」這旅館就是紐約最知名的華爾道夫飯店，它在一九三一年啓用，是紐約極致尊榮的地位象徵，也是各國政要造訪紐約下榻的首選。

當時接下這份工作的服務生就是喬治・波特，一位奠定華爾道夫世紀地位的推手。是什麼樣的態度讓這位服務生改變了他的命運？正是他的人情味，他無意識地種下善意種子，爲他帶來了一生的成功和財富。

富有人情味並不是什麼困難的事情，只要你稍微替別人著想，哪怕只是一點點給人溫暖的小舉動。即使你從商，也要適當的讓些利潤或給予別人方便，哪怕只有一點點好處，別人肯定不會忘。

大陸南方有個小縣城，城裡只有一條公車路線，是從小港口開往火車站的。不知是因爲路線短，還是沿途人少的緣故，客運公司僅安排兩輛中型巴士往返對開。

開一路的是一對夫婦，開二路的也是一對夫婦。搭車的大多是一些船民，由於他們長期在水上生活，因此一進城往往是一家老小。一路的女主人很少讓船民給孩子買票，即使是一對夫婦帶幾個孩子，她也像沒看到似的，只要求船民買兩張成人票。有的船民過意不去，執意要給大一點的孩子買票，她就笑著對船民的孩子說：「下次帶個小河蚌來，好嗎？這次讓你免費坐車。」

二路的女主人恰恰相反，只要有帶孩子的，大一點的要全票，小一點的也得買半票。她總是說，這車是承租的，每月要向客運公司繳租金，哪個月不繳足租金，馬上就做不下去了。船民們也能理解，幾個人就付幾張票的錢，因此也都相安無事。

不過三個月後，車站的二路車不見了，聽說是停開了，它應驗了二路車女主人的話：「馬上就會做不下去！」因為搭她的車的人太少了。

由這兩輛公車的鮮明對比，我們可以看出，一點點的人情味比十足的精明更容易得到回報。

讓自己富有人情味，不僅可以令你感到充實、快樂，還可以廣結善緣，讓你在成功路

上不用孤軍奮戰。人情，是一筆不可估量的財富。

小語

人情不管大小，只要是發自真心，別人總會在某個時候想起。

5. 一技之長才是最大的財富

從宏觀的角度來說，沒有人是不可取代的。但相對來說，在一定的時空限制下，有人是無可取代的。具備一技之長的人就屬於這種人。正因爲其不可取代，它不僅是一個人的生存之本，更是讓人在任何情況下都能立於不敗之地的財富。

很多人認爲，致富不是要智商很高，就是得學歷很高，因此對自己從不抱持致富的奢望。其實，致富沒有那麼高的門檻，哪怕你什麼都沒有，只要你有了一技之長，照樣可以踏上致富之路。

在加拿大一個普通的農家，有個少年叫馬文，他的父親是木匠，母親是家庭主婦。這對夫婦像天下所有的父母一樣望子成龍，他們縮衣節食地存錢，準備供兒子上大學。

可是馬文讀到高中時，總是跟不上課程的進度，雖然他很努力，可是學習越來越吃力。老師善意地勸告他說：「你一直很用功，但進步不大。高中的課程看來對你有點力不

從心，再學下去，恐怕是浪費時間。」老師又安慰他說：「工程師不識五線譜，或者畫家背不全九九乘法表，這都是可能的。每個人都有特長——你也不例外。總有一天，你會發現自己的特長，到那時，你就可以讓你的爸爸媽媽驕傲了。」

馬文從此再也沒去上學，而是開始替人整建園圃，修剪花草。他踏踏實實地做事，後來被客戶稱為「綠手指」，因為凡經他修剪的花草無不出奇的繁茂美麗。從此，他決心將園藝作為自己終生的目標。

一天，他進城來到市政廳後面，注意到旁邊有一塊滿是垃圾、污泥的空地，他發現這是一塊極好的園圃，只要種上花草，憑自己的手藝一定會將它變成一座美麗公園，賺錢肯定不是問題，這真是一個千載難逢的機會啊！於是他上前向議員魯莽地問道：「先生，你是否能答應讓我把這個垃圾場改為花園？」

「市政廳可能不願花這筆錢。」議員說。

「我不要錢，」馬文說，「只要允許我做就可以了。」

議員大為驚訝，他從政以來，還不曾碰到過哪個人做事不要錢的！他把這孩子帶進辦

公室。步出市政廳大門時，馬文滿面春風，因為他獲准清理這塊被長期擱置的垃圾空地。

當天下午，他拿了幾樣工具、種子和肥料來到目的地。一些熱心的朋友給他送來樹苗，熟識的顧客請他到自家的花圃剪玫瑰插枝，有的則提供籬笆用料。消息傳到城內一家最大的家具廠，廠主立刻表示要免費承做公園裡的長椅。

不久，這塊泥濘的污穢場地變成了一座美麗的公園，綠茸茸的草坪，曲幽幽的小徑，人坐在椅子上能聽到鳥兒唱歌——這裡成了人們旅遊、休閒、散心的好去處。絡繹不絕的遊客，給馬文帶來源源不斷的財富，他成了遠近馳名的大富翁。

的確，馬文至今沒什麼學歷，但他有園藝的專長。條條道路通羅馬，這就是他有了一技之長的結果。

所以，不要低估自己，哪怕你沒有高學歷，也沒有社會關係，只要你還有一樣才能，就能成就自己。做好自己擅長的事，讓它變成一技之長吧！

有些人喜歡與老闆攀關係，他們圍繞在上司身邊，吃飯、打牌、遊樂，但是最終他們獲得了什麼呢？老闆的目的是經營好自己的公司，如果你不能用自己的技術和智慧給他帶

來經濟效益，那麼這種吃喝玩樂的局面遲早要改變，因爲你並不是不可取代。

的確，一些人因爲與老闆的關係而得到一些好處。但是由於長期把時間浪費在吃喝玩樂上，他們往往疏於業務，甚至把自己在學校裡學到的一點知識都荒廢了。有些老闆需要這樣阿諛奉承的人，但並不是所有的老闆都如此。並且，就算是這樣的老闆，也不會永遠青睞這樣的人。但如果你擁有一技之長，情況就大不一樣。

小張剛從學校畢業，進入一家科技公司工作。他被安排在安全測試部門，部門裡有幾個人是老闆身旁的紅人，老闆的任何應酬都有他們的身影，而這些人又是自己的直屬上司。一位老員工告訴小張，高升是沒有任何指望了，因爲這些人已經掌握著部門的關鍵位置；不過，如果不想專營仕途，那麼好好利用公司的資源學習本領以後，總會有用。小張於是努力學習自己的業務知識。他發現公司確實分爲兩種人，一種人踏踏實實做工作，另外的少數人卻整天圍著老闆轉。

一天，由於一個程式設計錯誤，安全測試系統幾乎陷入癱瘓。一時間，公司上下人心惶惶。老闆親自坐鎮，希望能找到有效的解決方案。以往他身邊的那些紅人此時更是惶恐

不安，因為他們雖然是部門的負責人，但是一旦發生問題，根本不知道該怎麼解決。

這時，小張走過來告訴老闆，說他可以試試。雖然大家都覺得有些不可思議，但是已經別無選擇了，結果小張成功的排除狀況。只因為別人吃喝玩樂的時候，小張卻在鑽研業務知識，潛心研究每一項技術；碰到這樣的問題，他自然比別人多一份成功的可能。

事後老闆重重獎勵小張，並把他調到技術核心部門。碰到技術難題，老闆首先想到的就是小張，而那些跟在老闆後面的人依舊重覆以往的生活。說實話，他們也想和小張一樣，有一項傲人技能，可惜他們再也回不去了，玩樂荒廢了他們的專業技能，追悔已經來不及，他們一輩子也許就只能靠老闆吃飯了。而小張這種人，卻是老闆靠他吃飯。總結一句話，老闆需要他。

你選擇做什麼樣的人呢？如果生活沒選擇你，你可以選擇生活。是金子總會發光，當你擁有一項突出的本領，生活就再也難不倒你。

小語

如果你只能靠踏踏實實地做事來生存，那麼一定要培養自己的一技之長。

6. 知識是最廣泛的財富

現代社會是個以知識爲核心的社會，知識正以龐大的動能日益取代權力和資本，成爲世界發展的主力。知識經濟的興起，使知識成了最重要的資源，智慧成本成了最重要的資本。

有了知識，才擁有實力。衆多原本默默無聞，一夕之間躍入財富名人榜的成功人士告訴我們：只有擁有知識的人，才有可能成爲社會的主流人物，知識才是最大的財富。大陸「雜交水稻之父」袁隆平就是這方面的典型。

二〇〇〇年隆平科技上市，袁隆平以自己的名字獲得了二百萬元財富，他的知識得到了具體實踐，經過一段時間的運作後，隆平科技一路攀升，再一次展示了科技知識的龐大價值。熟悉袁隆平的人都知道，他一生從不提如何賺錢，唯一的工作就是用知識默默進行創造，在不追求財富的過程中得到了巨大的財富。

如果你也想要像袁隆平一樣憑自己的本事賺大錢，首先應當具備社會需要的知識和技能，努力成為自己所在領域的專家。如何才能做到這一點呢？學習吧！這是最重要的事情！你需要從學習中持續不斷的充實自己，提升自身的技能和知識品質。正如美國著名演說家吉姆．羅恩所說：「別指望事情會變得更容易，你應該寄望於自己變得更出色！」

該從哪些途徑去獲得知識呢？世界就是我們的大學，我們所遇見的人、所接觸的事物、所得到的經驗，都是人生大學校中的教師。只要我們張開耳目，每一分鐘都可以獲取許多知識。下面這個故事中的主角就是很好的證明。

一八七八年，日本有一個鄉下製麵條工人叫御木本幸吉，他父親早年得了一場大病，臥床不起，他要奉養雙親、六個兄弟和三個姊妹，是全家人的支柱。

二十歲時，御木本幸吉愛上了一位武士的女兒，但他深知武士不會讓自己的女兒跟一個製麵條的工人結婚，因此，他激勵自己要努力和對方的身分相稱。他先是換了職業，變成一名珍珠商人。

跟世界上許多取得成就的人一樣，御木本幸吉不斷尋求能夠幫助他從事專業的特殊知

識。他透過不同的管道向有學問、有經驗的人學習。其中一位叫水倉芳吉的教授，告訴了他一種從未被證實過的自然定律。

這位教授說：「當外來的物質，例如一粒沙子，黏到珍珠貝的體內時，就會形成一顆珍珠。如果外來物質不殺死珍珠貝，珍珠貝就以自己的分泌物包住這個物質，這種分泌物就在珍珠貝的殼內形成珍珠母。」

御木本幸吉的熱血沸騰起來！他立即問自己：「我能飼養珍珠貝，然後精細地放一個微小的外來物質到珍珠貝的體內，讓珍珠母自然形成嗎？」他簡直迫不及待地要得到答案。

御木本幸吉首先根據大學教授學到的知識進行觀察，然後應用他的想像力進行創造性思考。他認定，如果所有的珍珠僅在外來物質進入珍珠貝體內時才能形成的話，他就能使用這一自然定律生產珍珠。於是，他將異物置入珍珠貝體內，迫使珍珠貝生產珍珠。透過知識的實踐，他成功了。

御木本幸吉雖然不是這項知識的原始擁有者，卻懂得向專業人士學習，並學以致用，

最終創造了財富。

另外，書籍也是我們學習的工具。它能照亮黑暗的日子，鼓勵你脫離困境。利用時間讀一些書，下功夫自修，吸收各種重要知識，事業就會多一分進展。

人一生都可以受教育、學習知識。常言道：「活到老，學到老。」現代社會知識更新快速，要跟上其步伐，就得保持良好的能量，及時補充物質營養和精神營養。補充營養是一個「充電」的過程，在成功的路上，人需要不斷地「充電」；唯有如此，你才能不斷增值。

生活中，處處可見那些天分頗高的人，一生只做些平凡的事情。因爲他們的天分雖高，但沒有受過充分的訓練、培植。他們從來不求自己的進步，所看到的只是月底的薪水，與領到薪水以後幾天的快樂時光，結果他們的一生微不足道。

你也許會說：「我沒錢，怎麼『充電』？去念台大的MBA，我念得起嗎？」錯，學校之外也有知識，而終身教育則更要求我們隨時隨地展現好學求知的熱情。「充電」也是一個過程，不是一蹴可幾。大成就是靠小成就一點點累積而成的，讓自己從小成就開始著手

吧！

知識就是獲取財富的力量！

7. 堅持理想是財富

有人說，適合自己的才是最好的——尊重自己的價值追求，尊重自己的性格特點，才能找到人生最快樂的美好感受。依照自己的理想去工作和奮鬥，正好可以達到這個效果。

大多數人在進入社會、踏上奮鬥道路之初，都有自己的堅定理想。可是隨著時間的流逝，在生活的考驗、他人的勸解、與別人的比較中，漸漸放棄了自己的想法，結果庸庸碌碌。

理想是需要堅持的。只有自己最清楚自己喜歡做什麼，最擅長做什麼。別人的看法或做法不一定適合自己。也只有朝理想奮鬥，才能有明確的方向，制定明確的目標和計畫，成功的可能要比盲目的亂闖較大。

鍥而不捨的人，有較多正面思考的時間，屢敗屢戰的信念，從而贏得更多成功的機遇。在實現理想的過程中，很多人缺乏堅持的韌性，不是「三天打魚，兩天曬網」，就是

經不起挫折和一點點的失敗，沒有勇氣堅持下來，結果前功盡棄。

《伊索寓言》中有一則父子騎驢的故事，可以讓我們看到不能堅持的下場是多麼難堪和失敗。

一對父子趕著一頭驢進城去賣，一開始，父子倆一前一後趕著驢子走。路人看見了笑他們：「眞笨，有驢子竟然不騎！」

父親聽見了，心想：說得也是，怎麼放著好好的驢不騎呢？便叫兒子騎上驢，自己跟著走。走了不久，又有路人議論：「眞是不孝的兒子，自己騎著驢，讓父親走路！」

爲了不讓兒子背負不孝之名，父親於是叫兒子下來，自己騎上驢背。剛走了一會兒，又有人說：「這個人眞是狠心，自己騎驢，讓這麼小的孩子走路，也不怕把孩子累壞了。」父親連忙叫兒子也騎上驢背，心想這下再也無話可說了吧！可是誰知又聽見有人說：「這麼瘦的驢，怎麼騎兩個人在上面，也不怕把驢壓死。」

父親無可奈何地和兒子下了驢背，他們想了一個「萬全之策」，把驢子四隻腳綁起來，一前一後地用棍子扛著走。經過一座橋時，難以忍受搖晃的驢子用力掙扎，結果跌落

在河裡淹死了！

反觀自身，生活和工作中也常常面臨父子騎驢這樣的尷尬處境。明明有自己的美好想法，也打造好一技之長，充滿豪情地開始追夢之旅。但在前行的路上，由於禁不住別人的嘲笑、勸告、指責，禁不住各式各樣不切實際的誘惑，結果弄得自己無所適從、疲憊不堪。最後不是隨波逐流、平平凡凡沒有突破，就是不切實際地希望走捷徑賺取大錢，結果丟失了手頭累積起來的資本，也丟失了自己的快樂。

在追求理想、從事自己鍾愛事業的道路上，如果無法掌握住自己，就會像騎驢的父子那樣，最後損失的不是驢子，而是自己。

有個學生物的年輕人，一向對生物有濃厚的興趣，他的理想是從事生物研究。任職後，頭一年還踏踏實實地工作，不斷進步。可是參加了幾次同學聚會，看見不少同學都因爲改行發財了，更有同學勸他：生物研究得花多少年才有成果，什麼時候能出頭？還不如經商賺錢來得實在。他覺得有理，想到自己每個月拿著剛夠全家人生活的死薪水，研究經費又不充足，內心開始打退堂鼓了。他變得焦躁不安，原本鑽研的幹勁鬆懈下來，工作上

老是出差錯。後來，他乾脆辭職到南部去經商，由於社會經驗不足，被人騙去做傳銷，結果既沒有賺到錢，又沒顏面回鄉。爲了生存，只好勉強在一家公司做著一份自己並不喜愛的工作。

工作如此，創業亦如此。綜觀身邊發生的種種變化，我們會驚訝地發現：越來越多人將創業致富的過程當作快樂人生的一部分，而選擇自己理想的事業是快樂的前提。

堅持理想需要一份專注的精神，佳傑科技（中國）有限公司董事長劉偉就是以專注成功的典範。他曾名列《富比士》二〇〇五年中國富豪榜「明日財富之星」的榜首。

在劉偉的字典裡，「專注」兩個字似乎排在最前頭。對他來說，專注於工作是很自然的事情，因爲工作本來就被他視爲一種樂趣。

「在中國，只要你有錢，可做的事情挺多的。」自認性格固執的劉偉卻拒絕了許多誘惑，堅持只專注於ＩＴ和通訊業，帶領佳傑一直遵循專注和專業的發展方向，「因爲我們不熟悉其他行業，領域差距太大。」他說。

正是因爲他專注的堅持，佳傑科技（中國）有限公司才從幾百萬的業務，發展到今天

超過二十億美元的業務規模；從中國本土起家，業務擴展到新加坡、馬來西亞、泰國等五個國家，且在每個國家都屬ＩＴ電子分銷最主流的企業。

劉偉讓我們明白了「只有專注才會專業」這個道理。「騏驥一躍，不能十步；駑馬十駕，功在不捨」。對於自己理想中的工作、事業，都需要以專注的精神去貫徹，不能經不起外界的誘惑產生動搖。堅持就是勝利，你如果只堅持一個月、兩個月，當然無法做到「水滴石穿，繩鋸木斷」，更無法到達勝利的彼岸。

你想，一個人如果連自己的理想都不能堅持做好，別的事情又怎麼能堅持做好呢？

堅持理想，可以讓你在困惑時柳暗花明；堅持理想，可以讓你在競爭中脫穎而出！「古之立大事者，不唯有超上之才，亦必有堅韌不拔之志。」這正是勝利者的經驗總結，因爲他們深知，對前途失去信心的人，永遠也享受不到成功的喜悅，唯有不斷奮鬥，堅持到底，方能建構理想中的財富人生。

小語

偉人之所以偉大，在於他們能夠持之以恆。許多人都邁出了可貴的第一步，但是要增加它的價值，就必須鍥而不捨。

8. 朋友，你一生的財富

什麼是生命中最重要的成功之鑰？義大利經濟學家巴雷托認為，幾乎每一位成功者都有良師益友，他們或者是你的親友，或者是你的老師，或者是一個離你很遠的成功者，甚至是一本書。

眞正的朋友，不忍坐視我們的頹喪，會時常鼓勵我們，給我們打氣。如同波裔英語作家喬治．馬修．亞當姆斯所說：「讓一大堆朋友來吧！你可以隨機選擇他們，給這個朋友寫信，和另外一個共餐，拜訪這個朋友，向另外一個傾訴煩惱。那樣至少有一個朋友會理解你、鼓舞你，給你在某個時刻所需要的支援。」

你可能會說，我要為前程打拼，沒有時間結交朋友，而且對我來說，交朋友也沒什麼用。你這樣想，可能是你還沒有遭遇到人際關係上的挫敗和孤獨感，也可能是你沒有意識到朋友的不可或缺。

看了下面的小故事，你就會知道朋友是財富，有時甚至勝過金錢。

一個富人有十個兒子。當他臨終時，給了前面的九個兒子每人一百個金幣，卻對最小的兒子說：「我只剩下五十個金幣了。其中，我還得拿出三十個作爲喪葬費。因此只能給你二十個金幣。但是，我有十個朋友，我把他們全告訴你，他們可勝過一千個金幣。」

富人把最小的兒子託付給了他的朋友們。不久，他就過世了。

富人的九個兒子各自分飛，最小的兒子慢慢地花著父親留給他的那些錢。當他只剩下最後一個金幣時，他決定用它來招待父親的十個朋友。

他們和他一塊兒吃、喝，然後互相說道：「所有孩子當中，他是唯一仍然關心我們的一個，他這麼善心，我們也應該有所回報。」

於是，他們每人給了富人小兒子一頭懷孕的母牛和一些錢。等到牛犢生下來，他把牠們賣掉，用那些錢做生意。上天賜福，他比他的父親更富有。

他說：「父親說得對，朋友比世界上所有的金錢都更有價值。」

留一些時間給友情絕非浪費。小兒子記住了父親的朋友，對他們伸出友誼之手，他們

自然回報了更多的友愛。

朋友為什麼是一生的財富？看看他們與你的生活密切相關的程度就知道了。如果你擁有可以提升生活品質的好友，他們會幫你排除孤獨感，消除沮喪，擴展你的社交生活，找到更好的工作，甚至加速你踏上成功的階梯，開創一個充滿樂趣又刺激的人生。

我們都需要鼓舞，需要有能夠分享意見、互訴內心眞實感受的朋友。當我們的生命中出現一兩位好朋友時，他們通常也會向我們介紹他們的好朋友；而那些經過介紹和我們認識的朋友，會再介紹他們的好朋友……這就是社交生活的開端。

多數成功的富翁，並不是依靠高級精品才能享受生活，他們的快樂和滿足更多是來自家庭、朋友、經濟自立、身體健康。我們可以從另一個角度來看這個問題：再也沒有比身擁價值幾百萬美元高級精品，卻沒有親朋好友及和睦家庭更令人可憐的了。

實際上，一個人的資產和他的人脈成正比。一位百萬富翁告訴義大利經濟學家巴雷托，他為女兒所屬的壘球隊當了幾年教練。那段期間，他結識了許多事業有成的家長，其

中一些人最終成了他的客戶。

絕大部分的好工作都不會透過廣告徵才，相反的，它們會依賴人們的口耳相傳。比如個公司有個適合你的職位，而你正好有個朋友在那裡上班，或與那家公司有業務關係，你就會較容易得到面試機會。假如你有緣結交一些隨時會將朋友放在心上的好友，他們幾乎都比告知這種得來不易的良機。這就是所謂的「情報網」。

那些獨特的興趣和生活方式與你不同，甚至對人生有不同憧憬的人，與他們交往可以讓你接觸他們的世界，藉由他們對自我的展望，有助你體驗生活，擴大生活層面，得到更多的收穫。

你也許會說，我囊中羞澀，怎麼交朋友呀？要知道，好朋友喜歡你，想與你在一起，並不是因爲你有錢，而是你的眞心。不要讓我們的財務狀況影響友誼。

小語

財富不是朋友，而朋友卻是財富。

9. 健康是不可或缺的財富

對大多數人來說，賺錢是件充滿動力和快樂的事情，拼命賺錢可以帶來名利、權位等諸多好處。但如果一個人把清醒的每一分鐘時間都用來賺錢的話，那就得不償失。因爲人的身體像一部機器，如果只是一味地使用而不獎賞它，它就會疲乏，進而使人喪失活力甚至磨蝕意志。

馬休斯博士就曾說過，那些同時有很多目標、精力分散的人會很快耗盡他們的精力；隨著精力的耗盡，原先的雄心壯志也爲之磨蝕。

人最容易犯的一個毛病，就是不珍惜已經擁有的東西，而對於將要失去的卻總想挽留。我們對待健康亦是如此。一個工作狂，無病無災時總覺得自己是「鐵打」的，可以爲工作達到忘我境地，不吃不喝，一天工作二十四小時。尤其是血氣方剛的年輕人，憑恃著年輕，不懂得愛惜自己的身體，天天爲賺錢而奔波，總想著出人頭地。等到了一定的歲

數，精神和體力都明顯衰退甚至疾病纏身時，可能要花上大量的時間、金錢來休養和進行治療。其實，年輕時就注意身體的保養，用不了多少時間和金錢，就能常保強健的體魄。

有個富翁雖然富有，但身體虛弱多病，無法享受他所擁有的一切。一個窮漢雖然窮得一無所有，但很健康。兩個人彼此羨慕。富翁為了得到健康，樂意出讓他的財富；窮漢為了成為富翁，隨時願意割捨健康。

正好，一位聞名世界的外科醫生發現了交換人腦的方法。富翁趕緊提出要和窮漢交換大腦。結果是：富翁會變窮，但能得到健康的身體；窮漢會變富有，但將病魔纏身。手術成功了。窮漢成為富翁，富翁變成了窮漢。

但不久，成了窮漢的富翁由於有了強健的體魄，又有了成功的意識，漸漸又累積財富。而那位由窮漢變成的新富翁，雖然有錢，但為了治病，錢很快便被揮霍殆盡，他又變成原來的窮漢。

看了這個故事，可以體會到健康是有助於獲取財富的。

沒完沒了的工作，沒有止境的欲望，讓健康受到了嚴重的威脅和破壞。隨著超載的工

作壓力、食物和空氣污染、環境惡化等，許多現代文明病牢牢地纏住人類；而交通擁擠、工作場所的明爭暗鬥、沒有停歇的高速工作，都會令人情緒緊張和呼吸急促，造成種種內分泌失調，罹患便秘、痔瘡等疾病，進而使人情緒不安和暴躁。據有關資料顯示，很多病與人的情緒有直接關係，包括糖尿病、憂鬱症、關節炎、腰酸背痛、高血壓、哮喘、頭暈目眩、心律不整、綜合疲勞症等。

更嚴重的是，對於疾病，許多人抱著僥倖心理，總覺得沒有什麼大不了的，撐一下就過去了，但是橡皮筋總有彈性疲乏的一天。

健康是人獲得財富的本錢，它本身也是一項財富。千萬不要為了追求身外的財富而忽略了自己最大的「財富」——健康。一個不想為健康而後悔的人，一定懂得愛護自己。要知道，工作是永遠做不完的，要學會給自己減壓；錢是永遠賺不夠的，要控制自己的欲望。除了要懂得給自己「減壓」之外，運動也是必不可少的。運動是疲勞身體的獎賞，好處不可勝數。它不僅可以使你體形健美，肌肉發達，擁有健康，同時可以使你保持清新和活力。常運動的人給人朝氣蓬勃、樂觀、積極的感覺，他們對一切事物都有興趣，充滿了

精神與活力。運動不僅能讓自己處在積極良好的工作狀態中，還能讓別人也受到感染，從而提高工作效率，這不是比辛苦但效率不彰的挑燈夜戰好得多嗎？

只要合理調整，維持健康與工作並不矛盾。有時只需小小的運動，投入些許時間就可以。比如，疲累不堪的時候閉目養神一會兒，或是到空氣好的地方走走，就會有充沛的體力和精神再投入工作；另外，飲食規律，三餐按時，適度補充一些營養，身體的抵抗力自然會增強；工作的地方，花一點時間整理得乾淨、明亮，注意通風，既有益身體健康，又提高工作效率。

小語

人生最重要的莫過於愛自己，否則財富對你也是枉然。珍惜健康就是愛自己！

10. 愛也可以產生財富

人生在世，要與自己的親人、朋友結成幸福共同體。我們不僅僅是爲了自己，更是爲了他人而生活，尤其是我們親愛的人，我們的命運與他們的命運彼此相連。只有他們幸福、快樂，我們才會感到愉悅。我們的愛，就是讓他們感到幸福的最好方式。

一九二九年，美國人伊勒．C．哈斯還只是一位普通的醫生，他與妻子和家人過著幸福安寧的生活。哈斯本人則十分熱衷於發明創造。

有好幾次，他無意中聽到太太抱怨自己身爲女人的種種不方便，尤其是每月的那幾天……深愛妻子的哈斯醫生，覺得自己該爲妻子做些什麼，他放下手頭的發明試驗，坐到妻子身邊，和她進行了一次親密談話。

哈斯醫生終於明白了妻子的苦惱，他從生理醫學的角度分析了妻子在特殊日子的特別感受，意識到她的不快樂，並非完全源自生理現象，很大的一個因素，在於婦女用品的不

良。他腦海中閃現出外科手術時，醫生和護士經常用消毒棉和紗布來吸收創口出血。「我能不能給太太也試用一下呢？」哈斯醫生一連幾天躲在實驗室裡，他將壓縮的藥棉製造出長短適中的棉條，再用一根棉線貫穿地縫在棉條當中，並用紙管當導管……世界上第一支女性內用衛生棉條，就這樣誕生在一個關愛妻子的醫生手上。

這項服務全人類女性的發明，於一九三三年獲得了專利，並取名為「丹碧絲」，在美國上市。如今衛生棉條已被全世界一百多個國家的婦女所接受。這項專利無論帶給哈斯醫生大多的財富，哈斯太太一生所感念的，仍是丈夫那顆充滿關愛的心。

擁有一顆仁愛之心，在能力所及的範圍內，為愛甘於付出，這就是一項無比的財富。多數人一生匆促追趕著一個又一個奮鬥目標，有幾個人能像哈斯醫生那樣，放下手中的工作，在家人身邊停一下腳步，傾聽他（她）訴說心思，滿足他（她）的願望？我們只顧追求大海，卻忽略了腳下的小溪。其實只要彼此互愛互助，天堂般的日子就在身邊。

微軟還在如火如荼發展的階段時，曾出現員工工作效率難以提升的情況。人力資源部門建議比爾·蓋茲增加一些人手。

比爾．蓋茲沒有回答。他到員工辦公室走了一趟，驀然發現他的工程師們都擠在一個辦公室裡辦公，辦公桌呈直線排列，看上去簡直就像一條擁擠呆板、論件計酬的生產線。

比爾．蓋茲心想：「在工業經濟的環境裡能發展知識經濟嗎？工程師們連窗戶都看不到，能開發出明亮的『視窗』嗎？」

於是，他決定給每一個工程師配備一個獨立的辦公室，每個辦公室必須配有窗戶。接著，比爾．蓋茲進一步思考：必須讓每一個員工在公司裡有在家的感覺，在自由自在的狀態下，工程師們才能發揮創造力。所以他採取措施，發展「家」的文化。

他發現，員工們每天接近下班的一個小時，心思已經離開辦公室，這不利於保持工作效率。工程師們都想些什麼呢？這些人絕大多數是年輕人，他們惦記的主要有兩個：孩子、情人。給孩子買點小禮物、圖書、文具等，給情人買束鮮花……買的東西都不值多少錢，但要到商店，要找停車位，很費心思。

於是，比爾．蓋茲決定在公司的大廳裡配備小禮品店，員工可以免費或優惠帶走小文具、鮮花、圖書等，工程師們就不用提前把心思轉移到公司外了。從此，微軟的開發效率

有了根本上的提升。

比爾．蓋茲的愛心方案，既精省了人事費用，又提高了工作效率，創造了更多的財富，可謂一舉兩得。由此可見，設身處地爲別人著想是多麼重要，解決了別人的問題，自己的問題也得到了解決。

小語

一路有愛，一路便會有新的發現。

發現之旅五

體會財富，你比自己想像的富有

一用好的心態去感知富有

1. 我們擁有多少財富

眞正的財富，並不一定是物質上的榮華富貴，而是一種發自內心的充實、美好感覺，需要我們用心去體會。

人們對富有通常有兩種認知，一種是把名利和物質上的享受當作富有的標誌，爲了求得這種富有，身心皆爲名利、財氣所困，結果是徒增煩惱，爲了膚淺的「富有」而失掉了生命的本質。還有一種是對名利抱順其自然的態度，積極去爭取，但不拿它作爲主要目標，不爲了名利而放棄內心的追求。他們更追求文化素養和心靈的超脫，即使日子並不富裕，也會知足，節儉過日子，一樣從容、快樂。

叔本華有句話說得好：「我們很少去想我們已經擁有的，而總是想我們所沒有的。」這正是大多數人難以感到富有的原因之一。其實每個人都或多或少地擁有一些財富，只是我們總把目光盯在自己格外想得到的東西，因而沒有體會到自己的富有。下面這個故事就

是個好例子。

一個青年老是埋怨自己時運不濟，發不了財，終日愁眉不展。

一天，一個鬚髮皆白的老人走過來，問：「年輕人，爲什麼不開心？」

「我不明白，爲什麼我總是這麼窮。」

「窮？我看你很富有嘛！」老人由衷地說。

「這話怎麼說？」年輕人問。

老人不正面回答，反問道：「假如今天切掉你一根手指頭，給你一千元，你要不要？」

「不要。」年輕人回答。

「假如斬掉你一隻手，給你一萬元，你要不要？」

「不要。」

「假如讓你馬上變成八十歲的老人，給你一千萬，你要不要？」

「不要。」

「這就對了，你已經有了超過一千萬的財富，為什麼還哀歎自己貧窮呢？」老人笑吟吟地問。

這個老人告訴了我們，只要把心思放在我們所擁有的財富上，你就會發現，那筆財富遠遠超過阿里巴巴的寶藏。

跟天生殘障或有缺陷的人比，健康的你難道不富有嗎？因為再多的錢也買不到健康。跟溫飽都成問題的流浪乞丐相比，你生活上的困難又算什麼呢？起碼你選擇了一種積極的生活方式，在為未來奮鬥著，而哪一個富有者不需要奮鬥呢？跟擁有名利卻飽受媒體非議和追逐的明星相比，你難道不富有嗎？起碼你百分之百擁有自己的隱私和人身自由，不用處處躲閃，擔心別人的非議。精神上的自在是他們花錢也買不到的。

總之，我們每一個人都是無價之寶，生命的價值不在於我們的成就，主要取決於我們本身。每個人都是獨一無二的，每個人都有自己獨具的價值。

這樣說來，我們擁有的財富，有上天賜予的，也有後天獲得的。不管是如何得來，我們都應該好好體會，不要等失去了才後悔莫及。

對那些不懂珍惜眼前所擁有財富的人來說，下面這個小故事也許會有所啓發。

日本有一公司總裁在家自殺身亡，他的行爲使很多人不解。因爲他一直是人們羨慕和崇拜的對象。當時他的事業如日中天，公司在他的領導下一片繁榮景象。他在人們心目中一直是成功男人的表率，而且由於其嚴謹的生活作風、節儉的生活態度而備受好評。照理說，他應該活得很幸福。

謎底終於在他的遺言中解開了。他寫道：由於幼時貧困的生活經歷，他賺錢的願望一直特別強烈，對任何賺錢的機會都不放過。實現了自己初期願望後，他沒有滿足，對錢的欲望沒有隨其生活的富裕而改變，反而是越加強烈，變成了一種偏執的狂熱。他對自己的成功毫無成就感，心裡只有斂積財富。如果有金錢從他身邊溜走，他就感到寢食難安。就這樣，他整日生活在追逐金錢的巨大壓力和追而不得的懊惱中不能自拔。最終，不堪負荷的他選擇了自殺，以求永遠的解脫。

這個總裁的悲劇就在於不能體會自己已經擁有的一切，獲得金錢本身就是要讓它爲自己服務，而他卻把自己活生生變成了金錢的奴隸。

人生的財富應該是由很多有意義的追求所構成，總體來說，就是精神財富和物質財富。兩者是我們走完人生之路的兩條腿，任何一條腿有缺陷都是我們的遺憾，只有保持兩者的富足和平衡，我們的人生才能眞正快樂圓滿。

小語

對現代人來說，金錢帶來的物質享受是無可厚非的，但精神上也不能貧乏，這樣才能讓快樂更持久、更愜意。

2. 財富只是參照物

我們通常所說的財富即金錢，在一定程度上，它可以衡量、象徵、代表所有利益。從這個意義上來看，金錢是萬能的。做爲相當多利益的代表物，金錢也顯示出它的「萬能」。幸福和快樂的指數，似乎也與金錢有關。一般人要評價誰最快樂，好像也只用財富這種看得見的東西作參照。

但參照物終究只是參照物，眞正的幸福和快樂是存於每個人自己內心。

拿破崙．希爾博士講過一個故事。

有一次，在旅程中的餐車上，我剛巧坐在一對夫婦對面，那位太太身上穿著名貴的皮革大衣，上頭綴有璀璨奪目的鑽石。然而不知什麼原因，她的外表看來卻總是一副怏怏不樂的樣子，神情像是隨時要開口斥喝一般。她幾乎凡事都抱怨。一會兒說：「這列車實在

差勁，總是有風不斷地吹進來。」一會兒又埋怨：「服務水準不佳、菜又做得難吃……」

她的丈夫卻與她截然不同，他是一位和藹親切、溫文靜默的人，態度也顯得泰然自若，像是寬宏大量的人。對於太太的舉止言行，他似乎總帶有一種難以應付而又無可奈何的感受。此外，他看來彷彿相當後悔和她結伴旅行。

他禮貌性地跟沈默的我打個招呼，詢問我所從事的行業，同時做了一番自我介紹。他表示自己是一名法律專家，又說：「內人是一名製造商。」說著，他的臉上浮現出奇怪的笑容。

聽完他的話，我感到相當疑惑。因為，他的太太看來一點也不像個實業家或經營者之類的人物。我不禁狐疑地問：「不知尊夫人是從事哪方面的製造業呢？」

「就是『不幸』啊？」他說：「她在製造自己的不幸。」

很多人在未擁有財富之前，不會感到幸福，對生活充滿抱怨，別人會認爲，這種心態是生活的壓力所迫，是貧窮造成的。可是這位太太即使擁有了別人夢想的一切，還是有那

麼多的抱怨和不滿，由此可見，幸福和快樂並非取決於擁有財富的多寡，而是來自內心的平和與寬容，財富只是一個表面的參照物而已。

在這個追求成功和物質文明的時代，欲望滋長的速度往往比賺錢的速度要快得多，也比快樂和幸福的滋長要快得多。欲望滋長的速度越快，快樂和幸福便離得越來越遠。

中國大陸中關村一群ＩＴ精英們的感慨很耐人尋味。有位老兄的話就頗具代表性：「平時太忙了，爲了賺錢，爲了事業，我們就像陀螺一樣轉著，不滿足已擁有的，反而埋怨自己現有的一切。不停蹄地拼命！拼命！親情、友情，離我們都很遙遠，因爲我們總是以『沒有時間』、『太忙』、『無聊』爲藉口，一次次打發與我們擦肩而過的情感。一場突如其來的變故突然改變了這一切，我們被迫回到家中，被迫停止手中的工作，被迫放棄以分秒安排的賺錢計畫。剛開始真的有些不知所措，真的失落無比，然而漸漸地，當我們和家人一起聊天，每天接收、發送一則則溫馨的簡訊時，心中卻突然萌生不一樣的感受，那是一種久違的溫情織成的快樂，少了賺錢的時間，卻多了一份意想不到的快樂。」

千萬不要一頭鑽進欲望的陷阱，而捨棄了對快樂和幸福的追求。要與家人建立親密的

關係，跟他們分享你的喜怒哀樂，因為少了親情，人生追求就失去了意義。你也應該有一兩個與你沒有利害關係的眞性情朋友，他們的本眞可以讓你在迷失中得到片刻的清醒。你還應該有一兩個眞誠的事業夥伴，他們與你並肩努力，受挫時互相鼓勵，成功時一起分享。你甚至還應該有一兩個難以征服的對手，他們總是令你感到危機四伏，但他們的鋒芒給了你前進的推動力量。

小語

不要把自己的幸福和快樂建立在財富的擁有上。

3. 知足，才能感覺富有

富有，其實是一種個人的感覺，是無法用一種標準來衡量的。感覺富有的人並不一定就是在某一方面擁有成就或物質上特別優越的人。

一艘美國商船途經墨西哥海邊時，停靠在一個小漁村的碼頭上。商人坐在船頭看風景，看見一個墨西哥漁夫划著一艘小船靠岸。小船上有好幾條大黃鰭鮪魚，這是一種很名貴的魚，商人很驚奇，問漁夫要多少時間才能抓這麼多？

漁夫說：「一下子工夫就可以。」

美國人驚訝地問：「那你為什麼不待久一點，好多抓一些呢？」那漁夫卻說：「這些魚已經足夠我一家人生活所需了！」

美國人又問：「那你剩餘的時間都在做什麼？」墨西哥漁夫告訴他：「我每天睡到自然醒，出海抓幾條魚，回來後跟孩子們玩一玩，再懶懶地睡個午覺，黃昏時到村子裡喝點

小酒，跟哥兒們玩玩吉他，我的日子過得可是快樂又忙碌呢！」

美國人聽完，善意地給他建議，他說：「我是美國麻省理工大學經濟學碩士，我認爲，你應該每天多花一些時間抓魚，這樣你就可以換到錢去買條更大的船。再找個人手幫忙，你就能抓更多的魚，買更多的船，最後擁有一支漁船隊。到時候，你就可以建立生產、加工和行銷一貫作業。到那時，你也不用待在這個小漁村，大可以搬到城裡，甚至是紐約，在那裡經營你不斷擴大的企業。」

墨西哥漁夫問：「那要花多少時間呢？」

美國人回答：「十五到二十年。」

「然後呢？」

美國人得意地說：「然後你就可以待在家裡享福啦！時機一到，你就宣佈股票上市，把你的公司股份賣給投資大衆。到時候，你就有數不完的鈔票！」

「然後呢？」

美國人說：「你就可以過你喜歡的生活啦！你可以搬到海邊的小漁村去住，每天睡到

自然醒，出海隨便抓幾條魚，跟孩子們玩一玩，再跟老婆睡個午覺，黃昏時，到村子裡喝點小酒，跟哥兒們玩玩吉他了！」墨西哥漁夫疑惑地說：「那與我現在有什麼兩樣嗎？」

看到這個故事，剛開始可能會佩服美國人的商業頭腦，後來卻會爲墨西哥漁夫單純的反問「那與我現在有什麼兩樣」而喝彩，他追求的只是生活上的愜意和快樂，所以即使有了很多錢，對他來說，生活也是一樣的。因爲他注重的是生活方式：簡單而快樂。

當一個人覺得此生別無所求，也就是知足的時候，就是他感覺富有的時候。一個樂於在知識和學術的領域裡遨遊的人，可能只有知識能讓他感到滿足；一個妻賢子孝的人也會覺得自己的生活無可挑剔；一個喜歡悠閒的人，躺在椅子上悠哉地聽音樂、喝茶，可能就會感到很愜意。

現在的社會發展太快，人們對自己原本滿足的生活突然產生了更多的期望，於是，他們或遠走他鄉賺錢，或是加班賺錢。他們的家人，尤其是妻子常常會抱怨：「我的老公就知道賺錢，家裡什麼也不管。我寧願他少賺點錢，像過去一樣多關心一下我和孩子。」多

麼單純的期望，對於那些一心賺錢的人來說卻很難做到。在這個物欲橫流的社會裡，人很容易不滿足現狀，但如果只是埋頭賺錢，把其他忘得一乾二淨，到頭來，肯定得不償失，妻子會因得不到你的關愛而遠離你，孩子會因得不到你的愛而疏遠你，朋友會因得不到與你溝通和交流的機會而淡忘你，身體會因長期負荷而出現症狀……要知道，這些都是你人生財富的一部分。

拿破崙．希爾博士曾經當過報刊專欄作家，寫過一篇文章，標題是《滿足》，也許對你有用。下面是部分摘錄。

全世界最富裕的人住在「幸福殿」。他富有歷久不衰的人生理想，富有他所不能失去的東西，這些東西能給他滿足、健康、寧靜的情緒和內心的和諧。

以下是他的財產清單，說明了他是怎樣獲得這些財產的：

我獲得幸福的方法就是幫助別人獲得幸福。

我獲得健康的方法就是生活有節制，我僅吃維持身體健康所必須的食物。

我不仇恨任何人，不嫉妒任何人，而是熱愛和尊敬全人類。

我從事我所熱愛的工作，我還把遊戲跟工作互相結合，因此我很少感到疲勞。

我每天祈禱，不是爲了更多的財富，而是爲了更多的智慧，用以認識、利用、享受我已經擁有的大量財富。

我不使用辱罵的語言。

我不要求任何人的恩賜，只求我有權把我的幸運分享給那些需要幫助的人。

我和我的良心關係良好，因此它總是指導我正確處理一切事情。

我所擁有的物質財富多於我的需要，因爲我清除了貪婪之心。我只需要在我有生之年能用於建設的那部分財富。我的財富來自分享了我的幸運而受益的那些人。

我所擁有的「幸福殿」資產當然是不必課稅的。它主要以無形財富的形式存在於我的心裡，這種財富無法估算價值，也不能被佔用，除了那些能接受我生活方式的人。我用了一生的時間，努力觀察自然法則，養成了遵循自然法則的習慣，從而創造了這種財產。

也許我們在追求快樂和幸福的過程中，並沒有得到更多的財富，也許我們還經歷過種

種挫折和失敗，但是我們總會有一些驚奇的發現。當我們按照自己的意願真誠地奮鬥過、努力過，那還有什麼可遺憾的呢？

小語

知足者常樂。同樣的，「知足者常富」。

4. 富有是享受出來的

心理學家羅根．史密斯的這句話很有道理：「生活應該有兩個目標。一是得到你想要得到的；二是在得到之後能夠享受它。只有最聰明的人才能做到第二步。」如果你想要感覺富有，就要做到第二步，然後再去實現其他的人生價值。得到了卻不享用，就不能發揮它的價值。下面這個故事中的人物就是一個很好的負面教材。

有個守財奴有了一筆錢，卻捨不得花，於是把它埋在地下。他的心彷彿也埋了進去，他不需要任何消遣來打發時光，唯一的快樂就是想著那筆財富。

他覺得錢財只有越想才越有價值，因而也就越捨不得花。他總怕錢財被人偷走，吃不好，睡不穩，沒事總在藏錢的地方轉。日子一久，被一盜墓賊發現，料想此地肯定有寶物，於是悄悄地把它盜走了。

第二天早晨，守財奴發現錢財不翼而飛，頓時捶胸頓足，痛不欲生。一個路人問他為

何哭得如此傷心，他抽泣著回答：「有人偷了我的財寶。」

「你的財寶在哪裡被偷走的？」

「就埋在這塊石頭旁邊。」

「嗨，現在是什麼日子，難道還是兵荒馬亂的年代？你爲什麼把財寶埋得這麼遠？當初你把它放在自己的保險櫃裡豈不是太平無事，況且隨時取用也方便呀！」

「隨時取用？天啊！難道我用得著貪圖這一點方便？你沒聽說過，花錢容易賺錢難嗎？我是從不用它的。」

路人笑了：「既然你從不用這筆錢，那你就在這裡埋一塊石頭，把這塊石頭當作你原來的錢財，因爲這對你來說也是一樣呀！」

財富的擁有是爲了享用，守財奴愛的卻只是佔有財富。佔有而不去使用，和沒有錢財又有什麼區別呢？只是徒增擔憂而已。

人生是一個物質過程，也是一個精神過程。物質上要有適度的享受，精神上也一樣。一個懂得生活的人，必定會張弛有度地調整自己的節奏。既有緊張的忙碌，也有適時的休

閒和享受，即使在很忙的時候，也會忙中偷閒。

然而，我們太多時候被責任和義務所累，根本無暇享受自己創造的一切。上學時，爲了做一個老師眼中的好學生和家長眼中的好孩子，爲了考上好學校，拼命唸書；畢業了，爲了出人頭地，爲了成家立業，繼續奔忙；成了家，該鬆口氣了吧！不行，爲了一家人過著更好的生活，爲了孩子的學費，得更加努力地工作和賺錢……大多數人的一生就這樣被無盡的責任和義務消耗掉了。

當然，盡義務、擔責任是很重要，我們應該盡可能把工作做到最好，對自己和別人負責。但同時，享受生活也是我們生活中的一部分，要在兩者之間做調整。認爲生活的意義在於享樂，就如同認爲生活是含辛茹苦一樣，都是錯誤的。生活不可能總是輕鬆、美妙，但也不該只有責任和義務。

我們需要完成任務和履行職責，也就是付出，同時也需要享受生活和快樂，兩者缺一不可。能認識和享受生活中的美好事物是一種非常重要的能力，因爲它會帶給我們動力和能量。

既然責任和享受都不可少，那麼如何協調好二者的關係呢?方法很多也很簡單。

第一，該放鬆時就放鬆，不要總是牽掛。有的人會說，哪有時間，工作一大堆。但你要想，錢是賺不完的，工作也經常是一件接一件，但總有個輕重緩急吧!在不是那麼急的時候，放下手頭的工作，好好放鬆一下。釣魚、爬山、觀海、遠遊，能使我們紓解工作中的緊張情緒和壓力，感受生活的美好，利益身心。看書也是享受財富的一個表現形式。有了書籍和知識的充實，讓那顆每天被財富重壓得透不過來的心，稍稍緩解一下，呼吸智慧的空氣，汲取有價值的營養，明白自己正在做和將要做的事情有何意義和價值。

我們也可以像定期存錢一樣，將每個月或每年固定部分時間用來休息或度假，讓身心得以調節，以更加飽滿的熱情再投入工作。

第二，換一種思維模式。做事不要按部就班，有些事可以先直接到達終極目標，再完成過程，這樣可以給自己一個緩衝的時間。這麼說你或許有點摸不著頭緒，看完下面的小故事，你就會明白是怎麼一回事。

一位中國老太太在天堂遇見一位洋老太太，兩人聊了起來。湊巧的是，兩人家境相

似，都是從貧寒中一步步走出來的。講到房子問題時，中國老太太很自豪地說，她省吃儉用，以一生的積蓄買了一棟房子，雖然剛拿到新鑰匙就一病不起，新屋沒能享受一天，但畢竟給子女留下了一筆產業。而洋太太則很愉快地說，她年輕時就舉債買下了房子，隨後逐年還債，雖然死時債務剛剛還清，卻住了一輩子的好房子。

這個故事一方面讓我們看到東西方文化、觀念的差距，另一方面也看到了另一種生活思維，就是倒吃甘蔗，先吃甜的那頭，過足癮再說。事實也證明，洋老太太胸有成竹地及時享受，未必不是一種積極的生活態度。很多時候，我們會步中國老太太的後塵，按部就班地播種、施肥、鋤草，等到一切條件似乎成熟了，再去摘果實，那時才發現，已經沒時間吃了。

如果能認眞負責地對待我們的工作和責任，同時又能保持輕鬆與享受，不是兩全其美嗎？那才是眞正的富有吧！

輕鬆生活，深刻享受，才是感受富有的來源。

5. 慷慨產生富足

財富是需要與人分享的，奉獻己力，幫助別人，愉快地與人分享，需要的是慷慨，而慷慨可以使你富足起來。因爲分享是一種建立人際關係的最好方式，你與別人分享得越多，得到的就越多。投之以桃，報之以李，這樣你就可以吃到兩種水果了。

下面的故事就是最好的例證。

有位婦女千里迢迢從伊利諾州移居到佛羅里達州，一開始，她尚能從股票投資中獲利，但是一九二九年經濟大蕭條，她的財產隨之蕩然無存。幸好她已買下了房子，至少尚有棲身之地。

但是，沒有分文收入，讓她焦慮萬分。

「我該怎麼辦？」她寫信給加州那年事已高的姑媽，「我的廚房裡只剩下一片麵包及一點乳酪，等我收到您的回信時，我可能連這點東西都吃光了，眞是悲慘啊！」

她那老病的姑媽收到信後，馬上回了一封信。她自己也是身無分文，卻給了她的侄女比金錢更有價值的東西——活力、衝勁、豐足信念。她教給侄女一種可以擺脫困境的方式。

「妳的困難是，」姑媽寫道，「當上帝豐厚地給予時，妳仍擔心挨餓，妳只想索取而未想到給予。現在，妳擺脫目前困境的秘訣是給予，給予，再給予！」

可想而知，家裡只剩下一片麵包的侄女苦苦等待姑媽資助時，卻只收到這封沒有任何實質幫助的信，該是多麼的失望。正當她生氣地把信扔到一邊時，有人來敲門。她氣呼呼地去開門，是她的鄰居，一個十分受人敬重的老人，原來他們家現在也非常困難，他太太又生病了，沒有吃的，只好很難爲情地問她是否有什麼吃的。她本想說自己也處境困難，可是腦中突然出現了姑媽信中的話：「妳擺脫目前困境的秘訣是給予，給予，再給予！」她頓時充滿了憐憫之心和衝動，到廚房拿起僅剩的一片麵包給老人，老人非常感激，卻不知道這是她僅有的一點食物。

後來的一切，有了戲劇性的變化，似乎不可思議，但卻是事實。她剛剛關上門，另一

位鄰居就來敲門，原來他拿著剛出爐的麵包來看她。第二天，更意外的事發生了：她收到一張十美元的紅利支票！她立刻把這筆錢拿去與別人分享。一連串的好事接著發生了。過幾天，她又收到哥哥送給她的生日禮物：一張五十美元的支票。當然，這次她也把它拿去與鄰居、朋友分享了。

奉獻與分享讓這位婦女得到了精神和物質上的雙重富足，這是多麼難得的事情。

慷慨意味著主觀上願意付出。你樂意放棄一些東西——時間、財產、金錢等等。一個慷慨者會得到精神上的輕鬆和愉悅，生活比那些自私自利之輩要輕鬆許多。因爲慷慨的人不會滿腦子想著如何保護私利，而自私的人滿腦子充斥著個人的需求和貪欲，總是與周圍的世界處於矛盾和衝突的狀態。自私的人總希望世界以他所希望的方式運轉，否則就會感到煩惱和威脅。因此，他常常被別人視爲「佔便宜者」，爲自己製造了一個充滿敵意的環境，生活也總是在高度的憤怒和恐懼之中。

慷慨的人少卻了許多煩惱，他們會因爲自己所擁有的東西而感謝上蒼，並且樂於和大家一起分享。由於沒有算計帶來的恐懼和猜忌，他們更能夠自由地體驗生活的樂趣。

富裕產生的滿足感，無法從簡單的金錢佔有或者揮霍中獲得，要從明智地運用金錢中體會。慷慨能讓人找到眞正的富足感。很多人成爲富翁之後，都會投入慈善事業，把他們的財富捐贈出去，或許有人以爲他們是在作秀，但相信大部分人是出自內心善良的一面。人賺的錢多了之後，會突然找不到歸屬感；而把錢捐給慈善機構，捐給世界上最需要錢的人之後，會覺得找到了精神上的歸宿，也就是精神上的富足感。

洛克菲勒也曾有過錢多的困擾。他狂熱而不擇手段地斂財，成了世界上第一個億萬富翁後，換來的雖有羨慕和崇拜，但更多的是美國人的憎恨和厭惡，他們罵他是「殘酷奸詐的僞君子」，他也曾認爲自己是一個「除了金錢之外，一無所有的窮人」。面對一連串金錢帶來的煩惱，他決定給自己另立目標。有一天，洛克菲勒非常信任的一個朋友向他建議：「你的家產像雪球一樣翻滾，你必須使它散得比積得還快，要不然，它將壓垮你和你的後代。」他聽從了建議，因爲他自己也感受到，「花錢能夠得到的眞正等價物，就是培養一種情趣，把錢花得足以產生持久的效用。」於是他捐出數以億計的財富來資助教育、衛生和科學研究，幫助窮人，回饋社會。他心中的困擾和煩惱消除了，他因自己的善舉而更受尊敬，也更感富足。

人人都可以變得慷慨一些，因爲我們找不到一個不這樣做的理由。慷慨帶給我們許多深層的獎賞，它是一種創造幸福、快樂的偉大途徑。財富取決於客觀上擁有多少財產，也取決於主觀上對財富的感受，說明了錢並非萬能。因爲，只有和諧與精神富足才是眞正的富有。

小語

慷慨一些，無論你擁有多少財富。

6. 其實你並非一無所有

我們常常會碰到對生活充滿抱怨的人，他們抱怨自己生不逢時，埋怨家境不好，遺憾自己未曾上過大學。總之，好像一無所有。但是這些人常常是身體健康、四肢健全，他們對自己的境遇和生活牢騷滿腹，難道眞是因爲他們一無所有嗎？

當然不是。抱怨是由態度引起的。著名的精神分析家卡爾・梅甯格博士在重要的演說中，有一個必定講述的眞理，就是「態度比事實更重要」。這句話很値得人們省思。

你也許在某些方面存在弱勢，比不上別人，但這些並不是你的眞正阻力。眞正阻撓你的，是你自認爲不如人、自甘落後的消積態度。

威廉・詹姆士曾說過：「我們最大的弱點，也許會提供給我們一種出乎意料的動力。許多成大事的人都是從逆境中奮起，從而把缺陷變成財富的。」

這一點，我們也許可以從一些苦學志堅的人身上得到力量。傳奇人物艾爾・史密斯就

是一位成大事的傑出人士。

艾爾．史密斯的童年非常貧困。父親早逝，葬禮靠父親朋友的幫忙。他的母親做工維持一家人的生計，他必須每天在一家製麵工廠工作十小時，再帶些零工回家做到晚上十一點。

艾爾．史密斯就是在這種環境下長大，他很小就幫母親分擔家計，沒有正規地上過幾天學。有一次，他參加教會的戲劇表演，覺得非常有趣，於是就開始鍛鍊自己公衆演說的能力。三十歲時，他當選紐約州議員，不過對接受這樣的重大責任，他其實還沒有準備妥當，搞不清楚州議員應該做些什麼。之後，他開始研讀冗長、複雜的法案，儘管那對他來說就像天書。他被選爲森林委員會的一員，可是因爲他從來不瞭解森林，所以他非常擔心。他又被選入銀行委員會，可是他連銀行帳戶也沒有，因此他十分茫然。如果不是向母親坦承自己的挫折感，他可能早就辭職不幹了。絕望中，他決定一天研讀十六小時，使自己從無知走進知識的殿堂。

因爲努力塡補自己的缺陷，他迅速由一位地方政治人物爬升爲全國級的政治人物，他

的表現如此傑出，連《紐約時報》都尊稱他是「紐約市最可敬愛的市民」。

艾爾透過十年的自我教育和學習，成了紐約州政府的活字典。他曾連任四屆紐約州州長——當時還沒有人擁有這樣的紀錄。一九二八年，艾爾當選民主黨總統候選人。包括哥倫比亞大學及哈佛大學在內的六所著名大學，都曾頒授榮譽學位給這位少年失學的偉人。

像艾爾．史密斯這樣苦學志堅的人並不少見，而這些人卻從不抱怨自己一無所有。所以，沮喪時，不妨跟艾爾比較一下，也許會汲取到前進的力量。

讓我們感到沮喪的還有一種情況，就是在遭遇了比較嚴重的挫敗。挫敗的打擊與困難不斷累積，種種問題接踵而至，任何人都有可能心力交瘁，陷入絕望。

那種一無所有的失落感會很強烈，好像一下子什麼都不屬於自己了。這時，最重要的是，務必重新評估自己所持有的資產。如果能夠以合理、正確的態度進行評估，會有助於你認清事實，進而瞭解情況並沒有你所想像的那麼糟糕。

不妨拿起筆，徹底盤點一下，你會發現自己仍然擁有很多。像是——

貼心的配偶：你的妻子或丈夫還在你身邊，並且以他們特有的方式激勵你、支援你。

乖順的孩子：你的孩子還是一樣的崇拜你、尊敬你，願意做任何他們幫得上忙的事。

善良的好友：你的朋友此時仍關心你，並樂於伸出援手。

健康的身體：健康的身體就是本錢，你還可以東山再起。

有用的經驗：失敗的經歷本身就是一種財富，讓你可以更快地找到正確的道路。

不少吧！或許還有更多。也許你的情況比這更糟糕，但你也不用垂頭喪氣，因爲你還是有財富的，那就是大腦，你的大腦還可以思考，思考就能爲你創造財富。

所以，不管你的生活到了何種境地，都不必認爲自己一無所有。只要認清自己擁有的財富，珍惜它、善用它！

小語

我們遭遇的任何困境，絕對不及不肯面對事實的心態來得嚴重。你要做的，就是好好盤點一下你擁有的財富。

7. 你可以改變現狀

許多人不滿自己的生活現狀；不滿意自己的職業、收入、社會地位、居住環境；不喜歡自己的上司、同事……深陷於並非自己期望的人生境遇中，不知如何是好。

不滿現狀是好事，可以激發人們想辦法改變現狀。舒適的生活不會促使人們追求富有，只有受到刺激或逼迫的時候，人才會去改變現狀。不同的是，有些人是因爲鼓勵和刺激而做出改變，有些人卻是出於無奈。

如果你不滿意現狀，就不要寄望環境或狀況總有一天會自行好轉。將希望寄託在明天是不可取的。如果願望在身處的現實環境中無法實現，換了任何環境也無法成功的。

改變現狀只能從自身著手，激發自身的潛力，相信自己能做得更好。

一位年輕人收入低微，他每月收支呈赤字，只有靠著年終獎金才能勉強平衡。他的家人牢騷滿腹，他也常常不快樂，總覺得自己毫無成就。

反覆思考後，他放棄了那份收入微薄的工作，結果一度只能靠借錢度日，家人不時埋怨，說他不該輕易放棄那份雖然收入低卻不能沒有的工作。

但他不放棄希望，不久找到了新的工作，收入比以前要高得多，心血也得到相對的回報，家人從此不再抱怨，反而以他爲榮。

也許我們都跟這個年輕人一樣，害怕失去工作，雖然對目前的工作和收入不滿意，卻不敢果斷放棄。但事實證明，越是裹足不前，情況越惡化。只要我們相信自己的能力，看著更高遠的目標，勇敢走出第一步，情況就會改觀。因爲每個人的潛在能力遠遠超出自己的想像，只不過自己不知道而已。

有時，我們可能意識不到現狀需要改變，精神狀態處於麻木或慣性之中。這時候，就需要利用外界的刺激來促使自己改變。

有一個食品店老闆，每天一成不變地重複著單調的日子。店裡生意十分清淡，他總是坐在椅子上一邊聽收音機，一邊等待寥寥無幾的客人上門。

有一天收聽廣播時，他偶然聽到一則名人成功的故事。他整整想了一個晚上。第二

天，他似乎變了一個人，他著手整理了長年使用的椅子，將店內的陳設重新佈置，擦淨了灰濛濛的玻璃，將商品排放得相當整齊。之後的情況是：他的顧客越來越多，生意也越來越興隆，他成了大忙人，每天匆匆忙忙地奔波；很快，第二家、第三家……分店越開越多，他也成了人人羨慕的富翁。

這位食品店的老闆不是因爲外界的變化而改變，他的食品店條件和環境與之前並無不同。只是，當一個人的內心狀態改變時，外界也會隨著改變。

改變自身的狀況，還得從改變觀念著手。很多人想自己創業，但在機會來臨時又不敢放棄收入固定的工作，放手一搏。如果你是一個有遠大理想的人，想開創自己的事業，就不要爲了所謂的職業保障而不敢放手。那樣你永遠不可能開創自己的天地。那些白手起家的富翁，剛開始時都不是企業家或資本家，在累積財富和經驗的初期，他們或者是雇員，或者是自由業者。但他們懂得在適當的時候做出改變，選擇冒險，這才是他們成功的秘訣。

如果你不想創業，但又對自己的收入不滿意，那怎麼辦呢？不要以爲只有企業家和資

本家要承擔風險，當雇員也要承擔風險，而且其潛在風險要比前者大得多。所以，如果你現在還是個只有一項收入來源的雇員，就要想辦法改變目前的狀態。降低風險的方法之一，是保證自己有多項收入來源，如從事幾份報酬比較可觀的兼職，或進行一些投資等。

如果你還在堅持所謂的職業保障，認爲當一個雇員最安全，那麼你得趕緊改變觀念。當雇員只有一份收入，這本身就是最大的風險。

爲了更好的明天，改變自己，改變自己年復一年在一成不變的道路上踱步的境況。些微的變化，你就會發現自己的天地竟是那樣寬闊，未來竟是那樣美好而不可估量。

小語

改變就是力量。

發現之旅六

認識財富，找到你與財富之間的平衡

—排除你與財富的障礙

1. 金錢是財富，但財富不是金錢

金錢，向來是讓人歡喜讓人愁。但我們還是要給它一個公道。其實，金錢本身並不壞。只是我們習慣把人因愛財造成的罪惡歸結到金錢上，讓它背上了「萬惡之源」的罪名。

對於這一點，卡內基分析得很透徹：賺錢的欲望跟財富的佔有欲不同，有人認為想賺錢就象徵貪婪，這一點不正確，要看動機如何。如果賺錢的目的是為了開創有價值的企業，或者在社會上做慈善工作，或者贊助教育和藝術，那麼它象徵的是成熟和責任。但如果一個人愛財只是為了買到名望或財產，那麼它就象徵貪婪。消費金錢的方式應當是懷有責任感的，明智地將之分配為個人用途和社會建設。如果過度地把大筆財富作為己用，耗費社會的資源，那就大錯特錯。

金錢與財富有必然的關聯。我們的生活離不開金錢，人類社會的發展史證明：金錢對

任何社會、任何人都是重要的；金錢是有益的，它使人們能夠從事許多有意義的活動；個人在創造財富的同時，也在對他人和社會做貢獻。

我們可以從幾個致富者的親身體驗中感受到這些。

永遠處在一種創造的過程中——網易總裁丁磊：

我對財富的看法很平淡。大學剛畢業的時候，特別在乎收入多少，但當我創辦一個企業的時候，當我的財富累積到一定程度的時候，我並不覺得生活有多大的變化。財富對一個人的日常生活並不能形成多大的影響，創造財富應該是這個時代每個人前進的動力，因此，人永遠處在一種創造的過程中。

創造財富是一種時代精神——新浪前總裁王志東（現為點擊科技總裁）：

我在中關村已經有十五年的時間，見過大筆財富滾滾而來，滾滾而去，但是就是在這樣的洪流中，我看見一批優秀的企業成熟了，企業的成熟其實就是財富的穩定，一批傑出

的人在為社會創造財富的時候，擁有了屬於自己的財富。十年前，人們不敢想像中國的電腦業會發展到今天這個規模，中國人在累積個人財富、公司財富的同時，更大範圍的是累積了國家的財富。因為中關村，因為中關村的財富，因為創造財富的人，中國強大了。如果沒有個人創造財富的原動力，中國目前的ＩＴ業不會達到現在這般強盛的規模。這個時代最有價值的精神就是創造財富，最有愛國主義精神的也是創造財富。我們應該弘揚這種時代精神。

創造財富是對自我的挑戰——搜狐總裁張朝陽：

小時候看過一部電影《金光大道》，有一個觀念一直記得：有錢人最可恥，貧窮的人最光榮。很長一段時間，我一直生活在這個概念裡。改革開放二十年，中國人的價值觀發生了巨大的變化，累積財富成為一種時代精神。在現代社會創造財富，會遇到各式各樣的困難，有時候會挑戰一個人的極限，而在克服困難的過程中，一個人越來越成熟。回憶自己走過的路程，意識到創造財富的過程就是一個現代人成熟的過程。

義大利知名經濟學家巴雷托也指出，金錢可以使人們在十二個方面生活得更美好：

1. 物質財富、2. 娛樂、3. 教育、4. 旅遊、5. 醫療、6. 退休後的經濟保障、7. 朋友、8. 更強的信心、9. 更充分地享受生活、10. 更自由地表達自我、11. 激發你取得更大成就、12. 提供從事公益事業的機會。

不可否認，金錢與我們的生活關係密切，但它是一種中性物，無所謂好、壞，會隨著我們與周遭環境的接觸，和對它的態度而有所變化，如何與金錢保持著清白、舒坦、充實的關係呢？

首先，要重視它，它才能爲我們所用，但不要過分沈溺其中，不要貪財，也不要吝嗇。下面的故事也許對我們看待金錢的態度有所啓發。

米達斯國王只愛兩件事物：金子和他的女兒——金瑪麗。他不喜歡花朵（除非這朵花是金子做的），對音樂也失去了興趣（成堆的金幣在一起，叮噹作響的聲音除外）。他整天鑽在昏暗的地下室，像傻子般地陶醉在他的金子中，喃喃自語著他的快樂。

一天，一位英俊的陌生人出現在地下室，祂是一位神。神很快就瞭解到，米達斯國王對於自己比世界上任何人都有錢並不滿足。

「那麼，」神問道：「什麼能使你快樂呢？」

米達斯國王回答說，要是他每碰到一樣東西，那東西都會變成金子，就再好也不過了。

神說：「那好吧！明天一早你就會有這種能力。」然後他便化成一道燦爛的光束消失了。

米達斯國王的快樂沒有持續多久，他痛苦地發現他既不能吃也不能喝，食物在他嘴裡都變成了金子，更糟糕的是，雖然他一直認爲他的女兒要比金手指珍貴一千倍，然而當他像往常一樣親吻她時，她卻變成了金子。

遭受悲慘打擊的米達斯國王恍然大悟。當神再次出現在他面前時，米達斯國王深切懇求回到從前。他懺悔地說：「儘管一杯水、一塊麵包，當然還有我的女兒金瑪麗，都要比那金手指寶貴得多。」

「你比以前聰明了，米達斯國王！」神說：「你能夠明白，每個人擁有的最普通東西，都比世人羨慕和追逐的財富要寶貴得多。」

神指點米達斯國王去河裡沖洗自己，把水潑到被他變成金子的每一件東西上，如此一來，包括金瑪麗，都會變回原來的樣子。

從此以後，米達斯國王總是一邊逗弄著坐在他腿上的外孫，一邊告訴他們，他現在是多麼討厭看見金色的東西，當然，除了他女兒金色的頭髮。

在米斯達國王只剩下金子的時候，他終於明白金子再好，也沒有他對食物的需要和對女兒的愛來得迫切。所以，金錢再好、再重要，也不能代替我們賴以生存的基本事物和精神、情感世界。它只是與這些事物間有一定的關聯罷了。

把金錢當作一種挑戰，當作一扇通往更深入理解自身的大門。如果不開啓這扇門，就接觸不到豐富的內在世界，失去與家庭和社會的重要聯繫。知道金錢的內涵，可以幫助我們發現一個豐富的深層世界，這才是一筆無法用金錢來衡量的巨大財富啊！

所以說，金錢是財富，但不是財富的全部，它是一個走向其他財富的通道，如果想讓

這個通道充滿光明，就要調整我們的心態。如果一個人能在自己的一生中，對金錢平心而處、從容以對，自然能輕鬆駕馭金錢，而不爲金錢所駕馭了。

小語

金錢是財富，但財富不完全是金錢。

2. 富有不是給別人看的

可能很多人認爲，那些出門開名車、穿名牌、一擲千金的都是富人。如果你爲自己穿著簡樸、花錢謹慎而自卑的話，看看比爾．蓋茲的生活和消費，你就會大大鬆一口氣。

人們常常可以在機場遇見富有的比爾．蓋茲。他仍然是一身便褲、襯衫和運動鞋裝扮，甚至都不是名牌；他也仍喜歡獨來獨往，而不是前呼後擁。人們很難發現他有什麼顯著的改變。見到熟人，他仍然是那麼隨意、灑脫：「你好！我們去吃個熱狗，喝杯咖啡如何？」

以微軟的業績而言，比爾．蓋茲毫無疑問可以獲得全美最高薪資，但其薪資僅屬於中下。一九九一年大約爲二十七萬美元。即使在微軟公司內，也僅能排在第五位。而薪水最高的哈爾曼，這位在一九九二年終究被比爾．蓋茲炒魷魚的總裁，一九九一年收入是六十萬美元。

比爾．蓋茲在花錢上的保守也是有名的。一次，他和赫迪．羅任同車前往喜來登飯店開會，由於遲到，他們找不到普通的停車位，服務生便建議停在飯店的貴賓車位。

「噢！那要花十二美元，不便宜啊！」比爾．蓋茲強調。

「我來付。」赫迪．羅任表示。

「這不是好主意，」蓋茲答道，「他們超值收費。」

這就是比爾．蓋茲的特殊之處。赫迪．羅任在對他人講述這件事時強調，這並不是吝嗇，只是厭惡物值不符。

比爾．蓋茲就是這樣，雖然他被人們看成是財富、智慧與新時代的象徵，但他一點也不因爲富有而矯揉造作，還是保持著年輕時的本色。瞭解他的人都一致認爲，許多人一有錢就喜歡擺闊、招搖，但比爾．蓋茲並不是。

像比爾．蓋茲一樣的人很多，他們成功致富之後，很難找到跟以前有什麼顯著的不同，洛克菲勒、福特如此，台灣許多的大企業家也如此，他們和工作人員一樣吃便當，或常常是一碗麵就可以打發。

最富有的人之所以很少炫耀自己的財富，甚至穿著打扮都樸素得讓人吃驚，是因爲在他們看來，表面風光並不重要，自己花費了畢生精力，苦心經營的成就，一定要珍惜，不能鋪張浪費。

如果認爲物質上的富有是一件很有面子的事，一定要讓人家看到自己出手闊綽才夠風光的話，這是虛榮心在作怪。這種心理和行爲一旦嚴重，只會帶來物質上的貧窮和心靈上的空虛，到時候會眞的一無所有，甚至舉債度日。

有些剛賺了一點錢的年輕人，爲了在女友面前顯露實力，非得請女友上高級餐館，逛名牌商場，上高級酒吧。有些人剛進入白領階層，拿到稍高一點的薪水，還在租房子住，卻每月在衣食上耗費大部分薪水。這樣下去怎能不窮呢？越窮越裝闊，越裝闊越窮，以致於陷入一個跳脫不出的貧窮惡性循環中。

人並非一定要過清心寡欲的簡樸生活。但是每個人都應該持之有度，在兩種極端的生活方式中找到平衡。人需要穿著打扮，住寬敞的房子，開漂亮的汽車，遊覽名山大川，但不能以犧牲正常的生活爲代價。要把開發自身的技能，建立自己的財富大廈作爲優先，再

來享受自己的財富所負擔得起的生活。如果閒錢不足以支付一座別墅，或是一輛賓士車，那就暫時不要買這些東西，直到有一天，經濟條件允許了，再來考慮這些事情，到那時揮霍享受起來也會覺得更舒服。

生活的酸甜苦辣只有自己去嘗，財富的滋味也如此。因此，大可不必爲了別人的眼光跟自己的財務狀況過不去。不管你目前收入是高還是低，都要量入爲出，切不可爲了面子鋪張揮霍。

小語

奢侈是人為的貧窮。

—蘇格拉底

3. 瞭解金錢的所有能力及限度，不要崇拜金錢

以爲錢越多越好的人，對金錢有無上的崇拜。這是一種認知上的錯誤，是不瞭解金錢的能力限度所致。

賺錢讓大多數人感覺很沈重，有人甚至把掙錢當作自己生活的全部目標，以爲只有賺到更多的錢，才能使自己的生活變得幸福、快樂。但往往事與願違，錢是越賺越多，生活卻依然如故。原因何在？就是因爲金錢再好，它的能力範圍也是有限度的。

這個限度在什麼地方呢？就是有許多東西是金錢買不到的。

比如生命和健康，金錢只能有限地維持和保護健康，延長壽命，卻無法買到健康與壽命。一旦得了不治之症、心理疾病等，花再多的錢也治不好。

比如尊嚴與人格、精神，也是金錢買不到的。有些人的決心和意志，花多少錢都買不起，就比如對一個正直的人，金錢也起不了作用。

金錢能夠買到表面的、虛假的、短期的，卻無法買到眞正的、長久的友誼和愛情。

這就是金錢的無限和有限，萬能和無能。

因爲看不清錢的局限性而迷失的人很多。自從中國大陸實行改革開放，允許一部分人先富起來後，由於沒有正確的金錢觀，和良好的心理素質，有些一夕暴富的人發生了類似這樣的悲劇。

改革開放後，王某憑其靈活的頭腦和衝勁成立了一間民營小工廠，產品出口，銷路不錯，很快成了名聞一方的大亨，各種榮譽和頭銜也隨之而來，讓他嘗到了錢的甜頭和魔力。

因爲一心創業，已過而立之年的他還沒有成家，成了名副其實的「黃金王老五」。他開始尋找伴侶，養成一擲千金惡習的他，慣於花錢去討好女友，別的方面卻不加重視。結果很多女孩最終都離他而去，留在他身邊的都是一些愛慕虛榮的女子。久而久之，他失去了追求眞愛的信心和耐心，轉而頻繁出入歡樂場所，尋求短暫的刺激與所謂的「快樂」。但每次瘋狂作樂以後，他卻陷入更深的空虛和苦悶當中。更甚者，他染上了毒品，以此尋

找新的刺激。最終，吸毒使他傾家蕩產，徹底崩潰的他在家中自殺了。

這樣的例子發人深省。金錢確實能給人帶來不少好處，但有一些是它無能爲力的。所以，在擁有財富前，務必先認清金錢的能力限度，否則很容易像王某一樣迷失。

瞭解金錢的能力及其限度是一門智慧。有了這門智慧，才不會崇拜金錢，成爲它的奴隸。

當我們用金錢來獲得權力或其他事物時，它是一種工具，容易獲得也容易駕馭，一旦以它爲目的，不僅會失去原來的目的——社會名譽、地位、安全、快樂、權力等等，也會失去你的工具。金錢變成了你的目的，它就成爲你的主人。而在人類的歷史上，金錢是最無情、最殘酷的奴隸主。

我們都曾聽過，有些人在享受世間物質上的優渥時精神崩潰；也曾看見一些富可敵國的人，買不到片刻的心境安寧。這些人的痛苦，全是因爲不知道金錢並非萬能所致。

所以，要看清金錢的能力和局限，不能崇拜金錢。雖然它必不可少，但不一定是越多越好，追逐金錢更不是生活的全部。

小語

看清了金錢的能力局限，你就會發現富有並沒有什麼標準；即使有，金錢也不是最主要的衡量標準，相反地，你對它的掌握能力才是最重要的。

4. 抓住眞正的目的，賺錢比你想像的輕鬆

人人都喜歡賺錢，因爲錢能給自己帶來快樂。市場經濟時代來臨，君子羞於談錢的年代已經一去不返了。畢竟錢的好處很多，我們的溫飽問題、對生活品質的要求、對美好事物的嚮往、對成功的渴望……無一不需要經由賺錢去實現。能賺錢已經成了滿足我們的需求和自身價值的一種方式。

可是，賺錢似乎讓我們越來越忙碌，越來越不輕鬆。這可能與我們背離了自己最初的目的有關。

當初，我們賺錢是爲了享受生活，實現某個美好的願望或理想：做一趟美麗、浪漫的旅行，有閒錢做自己感興趣的事，與家人、朋友好好團聚……可是之後，我們的目的變了，好像爲了賺錢而賺錢，有休閒的機會擺在面前時，我們多半都以忙碌爲藉口而錯過了。

有一位愛好寫作的人，原本生活閒適，最近，她爲了早日過退休一般悠閒的生活，萌發了拼命賺錢的念頭。她有幾個忠誠而可愛的朋友，她很喜歡與她們在一起，因爲朋友總是能給自己帶來快樂。但有一段時期，她很怕接到她們的電話或邀約，因爲她沒有時間赴約，也沒時間請她們到家裡來作客，她的時間被一個接一個的工作塡滿了。但是有一次，她接到一個一年未見面的朋友電話邀約，她猶豫了：老友這麼迫切地想見到我，難道我忍心讓她失望？雖然老友會理解她無法赴約的原因，但是突然間，她意識到：天知道工作什麼時候才能結束，可是這份友誼對我來說這麼重要，如果現在不去，那要等到什麼時候？改天就一定有時間嗎？

幸虧她做了這個正確的抉擇，不僅沒有讓朋友失望，一起度過快樂而難忘的時光，而且工作壓力也在歡聚中得到了舒解。回家後，她的工作效率更高了。

這正是避免後悔的辦法，在不能停下來的時候，問自己：如果不是現在，那要等到什麼時候？可能你會說，等我做完手頭的工作就可以了。但往往一份工作還沒做完，下一份工作又來了，那要等到什麼時候才能停下來，看看自己賺錢的眞正目的？

的確，賺錢本是為了實現某一個願望，但當願望實現之後，我們又往往無法停下腳步，享受現實的快樂。有一個朋友說，他和妻子當初在外地打拼，連個房子也沒有，一心想要拼命賺錢買房子，然後好好地生活。夫妻倆早出晚歸地忙碌，省吃儉用，五年後終於有了自己的房子。但結果呢？他們鬆口氣了嗎？買了房子以後，他們突然有了買車的念頭，於是又埋入新一輪的打拼中。有了車子後，是否保證他們不會有諸如開公司、送孩子出國留學的想法呢？不懂得適時停下腳步，我們就注定永遠要為錢而打拼。

有些朋友出身貧寒想改變命運，有些書讀得太少想賺錢讀書，或是為了某種愛好而拼命賺錢……但是，他們最後都可能偏離了最初的理想，只顧悶頭「賺錢」，而忽略了內心的需求和精神上的享受。

當賺錢成為我們唯一的愛好和習慣時，就不得不警惕了。停下腳步，回想一下自己當初賺錢的目的是什麼？難道，我們只是為了賺錢而賺錢嗎？

想賺錢是好事，但是在賺錢的過程中，如果背離了最初的目的，沒有平和的心態，賺錢就會成為一件沈重的苦差事。這樣一來，在賺錢的過程中不僅不能給人帶來快樂，反而

製造痛苦。賺錢需要付出努力、付出代價。但代價若是我們畢生的快樂和理想，那就太高了，賺錢也就未必是好事了。

世界公認最會賺錢的是猶太人，看看他們的人生目的，也許會給我們一些啓發。猶太人歷來被譽爲「世界第一商人」。在賽妮亞著的《猶太宗教智慧》中，有一段關於「人生的目的是什麼？」許多人都以爲猶太人會答「賺錢」。然而，他們的回答很乾脆——熱情地享受生活。要是你再問：「人爲什麼而工作呢？」他們的回答是：「當然是爲了隨心所欲享受美食而工作！誰會爲了工作而吃呀！」多麼簡單，自己最直接的需求才是第一位，錢只是媒介，不是最直接的需求。

松下幸之助並不是日本最富盛名的企業家，但日本人都知道他的理想，就是生產出像自來水一樣多而物美價廉的電器回饋社會。他不以高價賺取利潤，而是堅持從節約成本和改良技術兩方面去降低開支，造福民衆，結果反而獲得了更大的利潤。他也不是不懂投資賺錢，他常說：「如果單純爲了金錢，我早年只要投資地產，得到的利潤就會比從事家電產業豐厚得多，可是我從沒想到過要在這方面謀利。我的理想始終是製造家庭電器，以及

對生活有幫助的產品。」

因而，在他的眼中，賺十億財富的人，並不一定比賺取一千萬的人了不起；就像前者並不一定比後者更快樂一樣。

財富只是一種衡量個人所創造價值的工具，千萬別把賺錢當作第一目標。美國一位富翁H・羅斯・佩羅說得好：「賺錢的秘訣在於別把賺錢當作第一目標。我見過許多人以賺錢爲首要動機而進入商界，但無一例外地都以失敗告終。」

把「賺錢」的眞正目的建立在自己的理想和爲社會創造價值上，當我們使用財富去豐富自己的生活、幫助他人一起過更好的生活時，財富才會眞正顯出它的價值，我們也才會活得更輕鬆自在。

小語

在你為錢而暈頭轉向、忙碌不堪的時候，不妨停下來問自己：我賺錢是為了什麼？

5. 財富由思想創造

羅馬皇帝馬可．奧勒留說：「思想創造生活。」這句話對認識財富也很有幫助，因爲財富也是由思想創造的。

《窮爸爸，富爸爸》的作者，美國人羅伯特．清崎和莎倫．L．萊希特也曾經提出一個讓人耳目一新的觀點，他們認爲「金錢是一種思想」。他們從人的個體出發，分析富人之所以成爲富人、窮人之所以成爲窮人的自身因素，是源自不同的金錢觀念。窮人遵循「工作爲賺錢」的思路，而富人則是主張「錢要爲我工作」。

當然，前文已多次強調，金錢只是財富的一部分。套用他們的觀點，其實財富也是一種思想。就是說，賺錢也好，發現和獲取財富也好，運用大腦去思考，要比埋頭忙碌有效而輕鬆得多。

在自然界最忙碌的動物，恐怕非我們人類莫屬了。有的人像上足了發條的機器一樣，

從早到晚、從家到公司忙個不停。林語堂曾經感歎：「人們為生活而勞苦工作，憂慮到頭髮發白，甚至忘掉遊玩，眞是不可思議的文明！」有個諾貝爾文學獎得主也感歎：「現代人有了汽車，有了電話，卻仍然忙忙碌碌。現代人為什麼比古人還要忙呢？」

忙碌時，我們很可能意識不到自己其實不應該忙碌。「弓勁者易折」是古人早已明白的道理，可是今天，卻還是有那麼多的人為了錢、為了權、為了所謂的人生理想而上緊發條。

忙碌的我們需要哪怕是片刻的悠閒，因為悠閒才是思考的好時光。當工作的忙碌暫時舒緩以後，大腦就可以更無礙地思考。科學家嚴正指出，過度的勞碌不休會阻滯個人智慧良好發揮，悠閒有時卻是智慧的朋友。

從下面的故事裡，我們也許可以體會思考的作用和重要。

英國科學家盧瑟福，有一次深夜到實驗室，看到一個學生忙著做實驗。盧瑟福問學生在忙些什麼。

學生回答：「做實驗。」

盧瑟福又問：「你上午在做什麼呢？」

「也在做實驗。」學生回答。

「那下午呢？」

學生又告訴老師：「還是在做實驗。」

這位學生想，自己這麼努力，老師一定會表揚自己。可是老師卻沈吟片刻，問道：「這樣一來，你什麼時候才有空思考呢？」學生啞口無言。

是啊！你只是在那裡忙碌，不去思考，有些問題根本就無法解決。就像上面那位學生，如果他用點時間思考，找出問題或是找到靈感，實驗也許早就完成了。

我們應該多留一些閒暇時間去思考，尤其是找不到答案和方法時，不要一味盲目地去闖。「學而不思則惘，思而不學則殆。」正是在閒暇的時間裡，在十分寧靜的心境下，我們的大腦才能迸發火光。當你抽出一部分時間從事思考時，不要以爲你是在浪費時間。思考是人類從事事業的基礎。如果把一〇%的時間用於學習、思考和計畫，你實踐目標的速度將會變得驚人。

科學史上有無數事例顯示，忙碌之後的悠閒是創造的黃金時間。阿基米德定律是阿基米德洗澡時想到的，蒸汽機關鍵設備的發明構想，是瓦特在草坪上散步得到的。文學創作也是這樣。高爾基在劇場看戲、屠格涅夫在旅遊途中產生了創作的靈感。這些對他們本人和後人來說，不都產生了不可計量的財富嗎？

你的一天有一千四百四十分鐘，將這個時間的一〇％——僅僅是十四分鐘，用於思考和計畫，並養成這個習慣，你就會驚訝地發現，無論何時何地，甚至走路、洗衣服、做飯、坐車或洗澡時，你都可以獲得建設性的構思。

思想是一種生活藝術，它可以應用到我們生活的各方面，適用於從事任何職業的人。它與我們的智商或是學歷無關，只需要你的腦子勤快一些即可。

瀋陽市有個以拾荒爲生的人，名叫王洪懷。有一天他突發奇想：賣一個易開罐才賺幾分錢，如果將它熔化後，作金屬材料賣，是否可以多賣些錢？於是他把一個空罐剪碎，熔化成一塊指甲大小的銀灰色金屬，然後花了六百元在市立有色金屬研究所做化驗。人家告訴他，這是鋁鎂合金。他算了一下：當時鋁的市價，每噸在一萬四千元～一萬八千元之

間，每個易開罐淨重十八點五克，五萬四千個就是一噸。賣材料比賣廢罐要多賺六千倍，他決定回收易開罐熔煉。爲了吸引人們出售空罐，他把回收價格從每個幾分錢提高到每個一角四分，又將回收價格以及指定收購地點印在卡片上，散發給所有收破爛的同行。

一念之間，財富滾滾而來。過了一週，王洪懷騎著自行車到指定地點一看：一大堆貨車在等待他，車上裝的全是空的易開罐。這一天，他回收了十三萬個易開罐，足足兩噸半。王洪懷立即開了一個金屬再生加工廠。就這樣，他在一年內，用空易開罐煉出了二百四十多噸鋁錠，三年內賺了兩百七十萬元。他從一個拾荒者一躍而成百萬富翁。

王洪懷，一個收破爛成功的人，得益於他肯動腦筋。如果他像別人一樣，只顧埋頭苦幹，不去思考，也許經過幾十年可以累積一點財富，但哪能跟他一年就成爲百萬富翁相比。

多動用你的腦子。當我們將追逐金錢變成追逐思想的時候，會更易於發現一切美好的東西。

小語

記住雨果的良言：「沈思就是勞動，思考就是行動。」把它運用到我們的生活中。

6. 給予越多，擁有也越多

如同拿破崙．希爾所說，你最貴重的財產和最偉大的力量常常是看不見、摸不著的，沒有人能拿走它們。只有你自己才能分配它們。

如何分配它們呢？給予別人。透過給予，我們可以讓自己活得更加愜意，獲得更大的心理滿足。

何謂給予？它包含付出金錢、時間、興趣或忠言，或者任何你能給予他人，且對他人有利的東西。在付出的同時，你會發現自己所擁有的財富和力量。

給予越多，擁有也會越多。有時，哪怕只是一個微笑，都可以為我們帶來好運。

雖然我們可能都體驗過友善的微笑是多麼令人舒服，但在生活中，大多數人還是不輕易對人展開笑顏，表現得嚴肅、冷漠。外表的冷漠，往往會使很多美好的人或事從我們身邊悄悄流逝。

而微笑就不同了。微笑因幸福而發，只要放下憂鬱，你就能保持輕鬆愉快的心情，臉上就會時時掛著微笑。它會感染他人，而他人的微笑又反過來強化你的愉悅，從而令生活充滿色彩與快樂。

在適當的時候、適宜的場合，一個簡單的微笑可以創造奇蹟，使陷入僵局的事情豁然開朗。

微笑就像一塊磁石吸引著別人。你給予別人微笑，能使雙方都放鬆，消除彼此間的戒備心理和陌生感，進而相互產生良好的信任感和親近感。下面這個小故事就可以讓我們看到微笑的力量。

有一次，底特律的哥堡大廳舉行盛大的汽艇展覽，人們爭相參觀。展覽會上有各種船隻，從小帆船到豪華油輪，應有盡有。

一位來自中東某產油國的富翁，站在一艘展覽的大船前面，對推銷員說：「我想買艘價值兩千萬美元的船。」這對推銷員來說是天大的好事。可是那名推銷員只是愣愣地看著這位顧客，以為他是瘋子，在浪費他的寶貴時間，並未予理會。富翁看了看推銷員那沒有

笑容的臉，然後默默走開了。

富翁繼續參觀，到了下一個展商的攤位前，這次招待他的是一位熱情的推銷員。這位推銷員臉上掛著親切的微笑，那微笑就跟太陽一樣燦爛，使這位富翁感到非常愉快。他又一次說：「我想買艘價值兩千萬美元的船。」

「沒問題！」這位推銷員微笑著說，「我來爲您介紹我們的汽船系列。」

看中一艘汽船後，富翁簽了一張五百萬美元的支票作爲訂金，同時對這位推銷員說：「我喜歡人們表現出對我非常有興趣的樣子，你已經用微笑向我推銷了你自己。在這次展覽會上，你是唯一讓我感到自己受歡迎的人。明天我會帶一張兩千萬美元的保付支票回來。」第二天，他果眞帶了一張保付支票回來，買下價值兩千萬美元的汽船。

這位熱情的推銷員用微笑推銷自己，連帶著推銷了他的汽船。在那筆生意中，他可以得到二〇%的利潤，這可以讓他少工作半輩子。而那位冷冰冰的推銷員，我們就不知其去向了。

看，這就是微笑的魅力。這正好印證了印度的一句哲言：「贈予別人的微笑會回報給

自己。」

現在，你還覺得自己沒有什麼可以給予別人嗎？即使沒有什麼有形的東西可以給予別人，無形的東西一樣有很多，做起來也很簡單。給你所遇到的每個人一個微笑，一句親切的話語，一段令人愉快的笑話，發自內心的溫暖感激、勸慰、喝彩、鼓勵、希望、信任和稱讚，積極的思想，和愉快的情緒等等，這些都會回報你意想不到的收穫！

小語

給予是快樂、富有的泉源。你可以給予更多！

7. 比較財富的感覺，而不要比較財富

其實，我們沒必要經常為財富耿耿於懷。財富給我們的是一種感覺，我們應當比較的是財富的感覺，它能讓人產生知足或進取的力量。

有時候，缺少物質上的財富未必就是壞事。財富的欠缺更容易促使人深思，而深思容易產生藝術、哲學和科學。南宋時期，朝廷偏安一隅，財力薄弱，人們多數時間在深思中打發光陰，藝術、科學和哲學因而十分興盛。

面對自己的生活，你是選擇自卑的退縮？還是灑脫的多樣化發展？關鍵就看你偏重什麼：如果偏重財富，一般會自卑退縮；如果在乎財富的感覺，人就會灑脫。

有人用財富定義快樂的感覺，認為擁有較多財富的人，較容易獲得快樂。因為較多的財富意味著較豐富的選擇權。但不可忽視的是，財富越多，拖累越重。所以是否快樂，要看這兩種力量對比的結果。說財富可以定義快樂，那只是局外人的看法，快樂是如人飲

水，冷暖自知，我們在比較的是快樂，而不是比較財富。

財富對多數人來講是一種束縛。束縛也是比較出來的：因爲你的薪水只夠日常開銷，所以你不敢買名牌衣服和首飾；因爲你貸款買了房子，所以只好選擇拿固定薪水，在某個企業裡多待一段時間，而不能選擇自己創業。

這種束縛也是一種感覺。農村裡到處可以看到知足常樂的人。一個城裡的政府官員下鄉關懷貧農，看見一個中年農民打著赤膊在剛收割過小麥的田裡拉二胡，那種愉悅的神態，完全不像一個家徒四壁的人。他爲什麼快樂？因爲沒有感覺到財富的束縛；爲什麼沒有感覺到這種束縛？因爲農村普遍不富裕的環境使他沒有比較。他不知道外面的世界，人們是怎樣生活的。

一個成熟的社會，人們對財富通常會持多元性的看法，價值觀的差異也很大。重要的不在於財富多寡，而在於財富所帶來的不同感覺。比如，有人追求更多的金錢財富，有人則相反，更願意追求非金錢的財富，比如親情、有較多時間與親朋好友一起歡聚之類；有人追求金錢，追求成功的感覺，並因此而忙得團團轉；有人卻追求閒適，因此寧願做一個

平凡人；有人事業成功卻難得和家人在一起；有人寧願放棄更多的成功機會而選擇和家人相伴。富人享受他的錢，窮人享受他的閒，在財富的本質上並無差異。

和平與安全當然是財富。當伊拉克砲火震天，人民流離失所時，所有能在和平的陽光下悠然漫步的人們，難道沒有格外地感受到一種幸福嗎？難道不覺得自己是在消費一種難得的財富嗎？

自由是人人追求的財富。這一點，失去了自由的人們感受最深。如果把你關在一個暗無天日的屋子裡一個月，相信你會捨得拿出一大筆錢，只是爲了換取在陽光下自由的半小時。

智慧的猶太人說：「適中者是富人。」其實我們每個人都應該知足，因爲我們都擁有生命、健康與自由這些世上最寶貴的財富。

我們也可以以此來衡量社會上各種有形的和無形的財富、資產。當用單純的感覺來衡量和比較財富時，就有了眞正通達的洞察與解脫。

小語

灑脫的你會比較財富的感覺，因為比較財富只會讓你更加悶悶不樂。

8. 驅除消極心態的影響

我們的大腦中可能常常會出現這樣的想法：「恐怕來不及了！」「大概沒機會了！」「是不是出什麼事了？」「我想，我辦不好那件事。」「這個工作我大概無法勝任，因爲我會忙不過來。」……遇到事情出現不良後果時，我們可能還會說：「哦！果然不出我所料。」

還有人習慣以悲觀的態度看待自己：

「我從來就未曾眞正有過一個開創前程的機會。你知道我父親沒錢又沒權。」

「我是在三級貧戶長大的，你絕對無法體會那種生活。」

「我只受過小學教育。」

「我一直機遇不好。」

……

這些都是消極心態造成的思維結果。當一個人言談充滿消極時，消極就會不知不覺地滲入你的思想深處，並積存它的影響力，而這種影響力往往會滋長到令人訝異的地步，甚至會在不久之後使你陷入「無能症」的泥沼中。

前文我們探討過，積極心態能給我們帶來財富，而消極心態只會帶來相反的效果。與積極的心態一樣，消極的心態也能產生很大的能量，只不過是負面的，而且有時可能大於積極心態的力量。正如我們應該把積極心態的力量運用到極限，我們也應該竭力排斥消極心態的力量。下面這個有趣的故事可以教你如何做到這一點。

美國南方有一個州，仍然用燒木柴的壁爐來取暖。那裡住著一個樵夫，兩年來一直給一戶人家供應木柴。他知道木柴的直徑不能大於十八公分，否則就不適合那家人特殊的壁爐。

但是有一次，他送去的木柴大部分都不符合規定的尺寸。主人發現後就打電話給他，要他調換或者劈開這些尺寸不合的薪柴。

「不行！」樵夫說道，「這樣不敷我的成本。」說完，就把電話掛了。

國家圖書館出版品預行編目資料

輕鬆賺錢 快速致富／楊秉力著
－－第一版－－ 臺北市：知青頻道出版；
紅螞蟻圖書發行，2010.07
面　　公分－－
ISBN 978-986-6276-21-7（平裝）

1.理財 2.投資 3.通俗作品

563　　99010813

輕鬆賺錢 快速致富

作　　者／楊秉力
美術構成／Chris' office
校　　對／周英嬌、楊安妮、朱慧蒨
發 行 人／賴秀珍
榮譽總監／張錦基
總 編 輯／何南輝
出　　版／知青頻道出版有限公司
發　　行／紅螞蟻圖書有限公司
地　　址／台北市內湖區舊宗路二段121巷28號4F
網　　站／www.e-redant.com
郵撥帳號／1604621-1 紅螞蟻圖書有限公司
電　　話／(02)2795-3656（代表號）
傳　　眞／(02)2795-4100
登 記 證／局版北市業字第796號
港澳總經銷／和平圖書有限公司
地　　址／香港柴灣嘉業街12號百樂門大廈17F
電　　話／(852)2804-6687
法律顧問／許晏賓律師
印 刷 廠／鴻運彩色印刷有限公司
出版日期／2010年 7 月　第一版第一刷

定價 240 元　港幣 80 元

ISBN 978-986-6276-21-7　　Printed in Taiwan